Justin Lang

Elisabeth von Thüringen

REIHE

CHRISTLICHE LEBENSHILFE

JUSTIN LANG

ELISABETH VON THÜRINGEN

MEIN GOTT IST DIE SIEBEN – EINE VERGEGENWÄRTIGUNG

BENZIGER

CIP-Kurztitelaufnahme der Deutschen Bibliothek

Lang, Justin
Elisabeth von Thüringen / Justin Lang. – Zürich ;
Einsiedeln ; Köln : Benziger, 1983.
(Reihe christliche Lebenshilfe)
ISBN 3-545-20081-7

Umschlaggestaltung Peter Kunz Zürich
Herstellung Benziger Graphischer Betrieb AG Einsiedeln
ISBN 3 545 20081 7

INHALT

VORWORT

Die Gestalt der heiligen Elisabeth von Thüringen (1207–1231) hat in unserem Jahrhundert durch die drei Gedächtnisjahre von 1907, 1931 und 1981 jeweils ganz verschieden geartete Beachtung gefunden. Während es nämlich 1907 zu ihrem 700. Geburtstag vor allem darum ging, die ältesten Quellen zu ihrem Leben zu sichten und zu werten, kam es bei ihrem 700. Todesjahr 1931 vor allem zu einer Auseinandersetzung auf psychologischem und spirituellem Feld. Bei beiden Anlässen spielten konfessionelle und weltanschauliche Gegensätze eine sehr bestimmende Rolle. Dennoch verdanken wir beiden Rückbesinnungen gute und bis heute gültige Darstellungen des Lebens der Heiligen.

Etwas anders lagen die Dinge 1981. In der Vorbereitung und Durchführung dieses 750. Todesjahres der heiligen Landgräfin zeigte es sich sehr schnell, daß die Frömmigkeits- und Sozialgeschichte zwischenzeitlich so viele wertvolle Einzelerkenntnisse zu tage gefördert hatte, daß es zu einer unumgänglichen Pflicht wurde, die Gestalt der Heiligen im Licht dieser Erkenntnisse zu würdigen. Die tiefgreifenden Wandlungen, die das Leben in der ersten Hälfte des 13. Jahrhunderts im Zeichen der aufstrebenden Gotik, der religiösen Armuts- und Frauenbewegung und der rasch anwachsenden Bevölkerung Europas prägten, mußten als der Hintergrund begriffen werden, vor welchem sich das Leben Elisabeths abspielt.

Aus Vorträgen und Aufsätzen zu diesem bislang letzten Gedächtnisjahr der großen Frau erwuchs auch vorlie-

gendes Buch. Wenn es sich auch heute weitgehend die literarische Ernte zum vergangenen Jubiläumsjahr zunutze machen könnte, so ist das doch nicht sein eigentliches Ziel. Selbstverständlich orientiert es sich gerne an all den Ergebnissen der nun vorliegenden Forschungsbeiträge, sein Ziel aber ist nicht wissenschaftliche Forschung, sondern religiöse Aktualisierung.
Es kann nämlich keine Frage sein, daß die entscheidende Botschaft der heiligen Landgräfin nicht mit den Mitteln sozialgeschichtlicher, sprachwissenschaftlicher oder psychologischer Darstellung zur Sprache gebracht werden kann, sondern nur als Hagiographie. Und das heißt immer: sprechen nicht nur vom heiligen Menschen, sondern sprechen vom heiligen Gott, in der Begegnung mit welchem überhaupt erst Heiligkeit als Teilhabe verwirklicht wird.
Aufbau und Rhythmus der vorliegenden Studie sind von dieser Zielsetzung bestimmt. Gerne nimmt der Verfasser die Gelegenheit wahr, die relativ gut erforschten 24 Lebensjahre der Heiligen als das Geländer zu ergreifen, an dem er entlang geht. Immer aber wird er von diesem Geländer aus in die gähnenden Abgründe hineinblicken, an denen keiner vorübergehen darf, der nicht an dem tiefsten Wesen dieser mittelalterlichen Frauengestalt vorbeigehen will. Wenn alte Chronikberichte mit Vorliebe in ihrer mittelhochdeutschen Sprache zu Wort kommen, dann wegen ihrer Zeitgenossenschaft zu der Heiligen, die in eben dieser Sprache zu Gott betete und sich den Menschen zuwandte.

EINFÜHRUNG

Ein Name erklingt und schlägt eine Brücke. Von sich zu seinem Träger und von diesem zu dem, der ihn ruft oder hört. Dafür ist ein Name da, das ist seine Funktion. Damit aber nicht genug. Ein Name erschöpft sich nicht in seiner Funktion, ist nicht nur Rufname. Ein Name spricht auch von einer Erfahrung und von einem Zusammenhang, den es am Leben zu erhalten gilt. Er ist eine Beschwörungsformel. In aller Regel geht es dabei um einen genealogischen Zusammenhang. Die Altvorderen sollen nicht einfach verschwinden, sondern in ihren Nachkommen neue und gleichsam ausgeruhte Träger ihres Namens finden. Denn so ein Name wird im Fortgang der Generationen immer schwerer an Schicksal und an rätselhaften Fragen. Dann mag es sogar sein, daß man die alten Namen überhaupt nicht mehr als zumutbar empfindet und nach neuen Namen Ausschau hält, die nicht so belastet sind mit den alten Geschichten, sondern einfach gut klingen und in Mode sind.

In jenen frühen Zeiten aber, in denen die Namen langsam heranreiften und von ihren Trägern noch nicht Lügen gstraft waren, sammelten sich in ihrem Wortklang die Weisheit und Sehnsucht der Stammeltern. Was ihnen wichtig erschien und heilbringend, was sich als tragfähig und zukunftweisend herausgestellt hatte, das wanderte in jene Sprachgebilde hinein, mit denen sich die Namensforschung bis zur Stunde befaßt. Es fällt nämlich gar nicht leicht, den Mantel aus Sehnsucht und Beschwörung, aus Tagträumen und Urängsten von dem Erfahrungskern abzulösen, der jedem Namen zugrundeliegt. Aber ein Stück Selbstverständnis ist allemal zur Sprache gebracht, wenn ein Name am Baum des Lebens herangereift ist, genährt vom Genius einer bestimmten Sprache, geprägt von den Erfahrungen am Grund der Seele und von den Geschichten im Angesicht der Völker.

So darf es nicht verwundern, daß auch der biblische Name Elisabeth vielerlei Deutungen erfahren hat, die alle ihr gutes Recht haben. Die meisten Kenner der hebräischen Sprache aber neigen dazu, in diesem Namen die Zusammensetzung der beiden Worte Eli (= mein Gott) und Sibuah (= Sieben) zu sehen. Sieben aber ist die heilige Zahl der Fülle, in der sich die Gotteszahl Drei mit der kosmischen Zahl Vier verbindet und so eine Vollkommenheit zum Ausdruck bringt, die durch nichts anderes mehr gesteigert oder beziehungsreicher gestaltet werden könnte. Deshalb ruhte Gott am siebten Tag, und eine alte jüdische Überlieferung sieht dieses Zahlzeichen als Datum für die Ganzheit der Welt und unseres fortwährenden Jetzt an, als den Tag, an dem der Atem des Menschen in den Atem Gottes strömt.

Es zeigt sich nun, daß der Träger seinen Namen nicht eigentlich verändern kann. Er kann sich seiner nur würdig oder unwürdig erweisen. Haftet der Name erst einmal seinem Träger an, so ist das Entscheidende eigentlich schon geschehen: der Name lebt, sein Programm ist auf die Beine gestellt und muß sich nun fortan in seiner Angemessenheit oder eben in seinem Widerspruch zu seinem momentanen Existenzwert erweisen. Wir haben uns mit dem üblichen Durcheinander abgefunden, in dem Namen und Namensträger sich sowohl Ehre machen wie auch einander bloßstellen. Wo aber der Träger eines Namens so sehr dessen innersten Sinn darlebt, daß im Blick auf ein solches Leben die Programmaussage des Namens überhaupt erst wieder betroffen macht, da ist der Name wirklich das Stichwort (nomen est omen), unter dem ein Leben begriffen und dargestellt werden muß. Von der am 17. November 1231 verstorbenen Landgräfin Elisabeth von Thüringen weiß die nüchterne Historie genauso wie die üppig rankende Legende zu berichten, daß Gott ihr ein und alles war, und daß es deshalb keinen anderen Weg gibt, das Geheimnis ihrer Sendung zu begreifen, als möglichst dicht an der Bedeutung ihres Namens zu bleiben: Elisabeth – Mein Gott ist die Sieben.

TEIL I: DIE FÜRSTIN

1. Kind am Zeitenrand

Es scheint, daß Elisabeth schon von frühester Jugend an von Gottesgedanken erfüllt und beseelt war. Zumindest sprechen die ersten Zeugnisse ihres Lebens davon, und einen Hinweis auf einen Gesinnungswandel kennen wir nicht. Wir können also davon ausgehen, daß der Ritter Walther von Vargila, der 1211 die Kinderbraut in Preßburg übernahm, um sie nach Thüringen zu überführen, ein religiös höchst sensibles Kind anvertraut bekam. Mit vier Jahren weiß nämlich ein Kind all die wichtigen Dinge, die es dann im Lauf des Lebens wieder vergißt oder mit höchst unwichtigen verwechselt. Da es nahezu ausgeschlossen erscheint, daß ihre Eltern es waren, die der Kleinen das Entzücken an Gott lehrten, ist es müßig zu fragen, ob ihr die Kunde von dem endlosen Meer durch eine fromme Amme, durch einen Hofkaplan oder durch das flackernde Licht in der Schloßkapelle wurde. Wer seine Engel zu Winden und seine Diener zu Feuerflammen macht (Hebr 1,7), weiß sich allemal bemerkbar zu machen in seiner vermittelten Unmittelbarkeit. Und ein Herz kann sich schon sehr früh auftun und Ja sagen, wie es auch bis zum Schluß sich verschließen und zu einem Nein verkrampfen kann. Es scheint aber, daß die Arpaden und die Andechs-Meranier eine Sorte von Menschen waren, die heftig und leidenschaftlich ihr Ja oder Nein sagten und lebten.

Blendung erschien in dem ungarischen Königshaus als eine wirksame Methode, um sich unerwünschter Konkurrenz machtgieriger Brüder und Neffen vom Hals zu schaffen. Als Vazul, der Sohn des Herzogs Michael, sich in seinem Anspruch auf den Thron übergangen sah, und gegen den König einen Aufstand wagte, wurde er 1032 dieser Tortur unterworfen. Und auch Koloman sah am Ende des 11. Jahrhunderts keinen anderen Weg, sich vor den Ansprüchen seines Halbbruders Almos zu schützen, als ihn und seinen kleinen Sohn Bela des Augenlichts zu berauben. Aber, wie es der Lauf der Dinge so will, war man dann doch noch froh, auf den geblendeten Bela zurückgreifen zu können, der dann als Bela II. der Blinde von 1131 – 1141 König von Ungarn war. Das war dann auch schon der Ur-Ur-Großvater der heiligen Elisabeth väterlicherseits.
Daß dieses Herrscherhaus, das in den halbnomadischen Reiterhirtenstämmen der südrussischen Steppe seine Wurzeln hat, dann doch noch in die Geschichte einging als das «Geschlecht der heiligen Könige», haben sie vor allem der 1192 erfolgten Kanonisation des «Ritterkönigs» Ladislaus I. (1077–95) zu verdanken. Dieser hatte nämlich noch zu seinen Lebzeiten die Heiligsprechung von König Stefan (970–1038), von dessen Sohn, dem Herzog Emrich (1000–1031) und von Gerhard von Csanád († 1046), dem Märtyrerbischof, erwirkt. Zugleich war es ihm gelungen, das heidnische Gottesgnadentum der Arpaden mit seiner bedingungslosen Gefolgschaftstreue zu christianisieren und so den Grundstock zu legen für die ungarische Großmacht im

Mittelalter. Elisabeths Vater, König Andreas II. (1205–35) war weder ein Heiliger noch ein Herrscher mit besonders viel Augenmaß für die politische Wirklichkeit. Fürstliche Repräsentation und Verschwendungssucht konnten nicht seine innere Labilität verdecken, die ihn vor allem dem Einfluß seiner Frauen aussetzte, von denen er hintereinander mit dreien verheiratet war. Innenpolitisch gelang es ihm nicht, die Kämpfe zwischen dem Hoch- und Kleinadel und der Kirche beizulegen, so daß seine außenpolitischen Ambitionen im Blick auf Konstantinopel fast wie eine Flucht vor der ungarischen Wirklichkeit anmuten.

«Für kirchliche Interessen und Gesichtspunkte hatte er im Gegensatz zu seinem Vater und seinem Bruder kein Interesse.» (Hóman)

Ein Hauch von östlichem Despotentum liegt über dem Haus der Arpaden, die Wildheit und Härte des alten Reitervolkes verbinden sich im Lauf der Jahrhunderte mit den christlichen Idealen, die sowohl von Konstantinopel wie auch von Rom her aufgenommen werden. Mit der Niederlage auf dem Lechfeld (955) setzt eine immer stärker werdende Hinwendung zum Westen ein, die dann gezielt mit Ehen zu westlichen Dynastien ausgebaut wird. Im Zug dieser Verknüpfungen kommt es zu den zum Teil erstaunlichen Ausformungen eines bedingungslosen Christentums westlicher Prägung.

Können sich die Andechs-Meranier auch nicht mit den Arpaden messen an Größe und imposanter Macht, so doch an Buntheit in der Zusammenstellung ihrer Ahnengalerie. Seit der Jahrtausendwende gehören sie zu den führenden Grafengeschlechtern Bayerns, und unaufhaltsam sammeln sie zu ihren westbayrischen Stammlanden zwischen Isar und Lech neue Gebiete in Oberfranken, im Inn-Donau-Gebiet, in Istrien und Meranien. Teils durch ihre geschickte Heiratspolitik, teils durch ihre reichstreue Parteinahme für die Staufer summierte sich ihre Macht so, daß Elisabeths Großvater mütterlicherseits, Berthold VI. († 1204), europäische Familiengeschichte großen Stils betreiben konnte. Dies um so mehr, als seine Ehe mit Agnes von Groitzsch mit neun Kindern gesegnet war, die später alle eine Rolle spielen sollten. Eine mehr oder weniger glückliche, wie man anmerken muß.

Von den vier Söhnen waren die beiden ältesten, Otto I. († 1234) Herzog von Meranien und Markgraf von Burgund und Heinrich († 1228) Markgraf von Istrien, gut eingefügt in das europäische Kräftespiel. Aber auch die beiden nachfolgenden, Ekbert († 1237), Bischof von Bamberg, und Berthold († 1251), Patriarch von Aquileia, mischten ganz ordentlich mit, gerieten sie doch beide in den Verdacht, an der Ermordung ihres Königs Philipp von Schwaben (1208) beteiligt gewesen zu sein. Beides übrigens äußerst fragwürdige Bischofsgestalten, wenn auch Ekbert als der Erbauer des Bamberger Doms in die Geschichte eingegangen ist.

Von den fünf Töchtern kennen wir nur von vier den

Namen. Am berühmtesten sicher die heilige Hedwig (†1243), die Herzogin von Schlesien und die schöne Agnes (†1201), die in ungültiger Ehe mit dem französischen König Philipp August lebte. Gertrud (†1213), die Mutter Elisabeths war Königin von Ungarn, und Mechthilde (†1254) die fromme Äbtissin von Kitzingen. Daß Gertrud am 28. September 1213 von ungarischen Magnaten in Stücke gehauen wurde, wirft ein grelles Licht auf diese herrschsüchtige Frau, die gerade ihren beiden geistlichen Brüdern Ekbert und Berthold gegenüber, aber auch im Blick auf ihre Palatine Csépan und Poth eine Günstlingswirtschaft betrieb, die vor nichts zurückschreckte. So erzwang sie 1206 die Ernennung ihres jüngsten Bruders Berthold zum Erzbischof von Kalocza, obwohl der damals 25jährige weder von seiner Ausbildung noch von seiner Lebensführung her für dieses Amt diskutabel war. Im übrigen galt sie als schön, intelligent und willensstark. Von Frömmigkeit wird nichts berichtet.

Die Geburt einer Prinzessin

Soviel zu den Ahnen der Heiligen, deren Taten und Untaten noch weiter zu schildern nicht sehr dienlich sein könnte, denn es sind die Taten und Untaten der damaligen Zeit und grundsätzlich jeder Zeit. Es genügt, gezeigt zu haben, daß das Grau des Familienbildes nicht aus der Mittelmäßigkeit zustande kam, sondern aus der gleichmäßigen Mischung von hellem Licht und dunklen Schatten. Aus diesem Grau nun nahm das neue Licht seinen Aufgang, von dem der Zauberer Klingsor zu Eisenach so sagenhaft Zutreffendes zu wahrsagen hatte:

«Wohl habe ich aus den Sternen Neues erfahren, aber es ist von freudiger Art, und ich will euch nicht das Mindeste davon verhehlen.
Meine Herrin, Frau Gertrud, die Königin von Ungarn, wird noch heute nacht eine Tochter zur Welt bringen, die nicht nur eine Zier ihres Geschlechtes sein wird, sondern eine Leuchte Gottes, ein segenspendender Quell und ein Seelentrost.
Nach ihrer Geburt wird sie auf den Namen Elisabeth getauft, und sie wird ein gottgefälliges Leben führen. Sie wird nach Thüringen kommen und hier dem Sohn des Landgrafen verlobt werden.»

Es gibt gute Gründe dafür anzunehmen, daß Elisabeth nicht am königlichen Hof in Preßburg geboren wurde, sondern auf der nordungarischen Burg Sárospatak. Das Königspaar verbrachte gern die Sommermonate auf den verschiedenen Pfalzburgen des Landes, und die Königin Gertrud weilte mit Vorliebe auf Sárospatak. Dort, am Ufer der Bodrog und am Fuß der Tokajer Berge erblickte das zweite Kind des Königspaares im Frühsommer 1207 das Licht der Welt, nachdem Thronprinz Bela IV. schon ein Jahr zuvor geboren wurde und 1208 noch ein Koloman und dann noch ein Andreas und eine Maria hinzukommen sollten.
Vielleicht bedeutete es für die Eltern eine besondere Genugtuung, daß nun ihre Kinder alle im vollen Glanz der Stefanskrone heranwachsen konnten, denn so selbstverständlich war das ja gar nicht. Es waren noch keine drei Jahre her, da Gertrud mitansehen mußte, wie ihr Mann von König Emmerich, seinem älteren Bruder, mit bloßer Hand aus der Mitte des Heeres herausgeführt

wurde («Ich sehe ungarische Soldaten, und ihr seht euren König, wer von euch wagt es, königliches Blut zu vergießen?») und in die Gefangenschaft mußte. Damals floh Gertrud zu ihren Eltern nach Meran. Doch dann starb Emmerich, und auch sein Söhnchen Ladislaus, das er noch als Kind zu seinem Nachfolger krönen ließ, starb mit vier Jahren, so daß Onkel Andreas am 29. Mai 1205 ganz regulär zum König gekrönt werden konnte. So schön hatte sich alles gefügt.

Im goldenen Käfig

Die Taufe, so weiß die Legende zu berichten, habe mit großem Prunk in Buda stattgefunden, was entweder für besonders rauhe Sitten im Umgang mit Neugeborenen spricht, oder eben Legende bleibt, denn der Weg von Patak (so nennen die Ungarn den Geburtsort der Heiligen) bis Buda ist gute 250 km weit. Aber nicht nur im Blick auf die Taufe, sondern auch um die übrigen Lebensumstände des Kindes Elisabeth, die uns heute so wichtig erscheinen für das Verständnis eines Menschen, wissen wir so gut wie nichts. Wir nehmen zwar an, daß die Kinder am königlichen Hof in Preßburg (Bratislawa) aufwuchsen, wir wissen auch aus der Kulturgeschichte des Mittelalters, daß die königlichen Eltern sich wenig um die Aufzucht ihrer Kinder kümmerten, die aber in aller Regel bis zu ihrem vierten Lebensjahr von einer Amme gestillt wurden. Es fällt ja auf, wie gering die Kindersterblichkeit in den Familien des mittelalterlichen Hochadels ist, was Medizingeschichtler gerne mit dieser langen Stillzeit in Verbindung bringen. Kurz, wir

dürfen davon ausgehen, daß ein gesundes Kind, äußerlich wohl betreut, inmitten einer prachtliebenden Hofhaltung heranwuchs. Es muß damals auch schon so etwas wie eine Spielzeugmanufaktur gegeben haben, denn in den Berichten über die Kinderjahre der Heiligen stoßen wir immer wieder auf Ringe und Tiere aus Glas und Ton, an denen die kleine Prinzessin viel Freude hatte. Überhaupt scheint die Pflege und die Erziehung der Kleinkinder zu den relativ stabilen Lebensbereichen zu gehören, die im Lauf der Jahrhunderte weit weniger dem Wandel unterworfen sind, als etwa die nachfolgende Schulzeit.
Das Kind ist gerade ein Jahr alt, als sich sein Vater und der mächtige Landgraf Hermann I. von Thüringen darüber einigen, daß die Prinzessin einmal an der Seite des etwa 10 Jahre älteren Erbpinzen Landgräfin von Thüringen sein sollte. Den beiden Realpolitikern ging es dabei um die Bekräftigung eines gegenseitigen Bündnisses gegen ihren König Philipp von Schwaben, dem jüngsten Sohn des großen Barbarossa. Eine Heirat in diesem Sinn war übrigens schon seit längerer Zeit projektiert, denn noch fehlte eine solche Verbindung, die auch von König Ottokar von Böhmen gewünscht war, an dessen Land sowohl Ungarn als auch Thüringen grenzten. Staatsräson und Machtstreben hatten sich schon des Kindes bemächtigt, als es gerade anfing, seine ersten Schritte zu proben.

Brautfahrt

Es ist verständlich, wenn die Berichte und Legenden die thüringische Gesandtschaft, die im Sommer 1211 die Kinderbraut in Preßburg abholen soll, in den leuchtendsten Farben schildert. Im Mittelalter war ein solcher Brautzug so etwas wie ein Weihespiel vom Kommen des Frühlings und vom wehen Abschied, der über allem Leben liegt. Deshalb wird nicht nur Kunde getan von dem edlen Ritter Walther von Vargila, der die Gesandtschaft anführte, es wird auch hervorgehoben, daß Frau Bertha von Bendeleben, die mit zur Donau reiste, «eine durch ihre Bescheidenheit und Weisheit berühmte, schöne und fromme Edelfrau» war. In Preßburg angekommen, sind die Thüringer nicht aufs Maul gefallen und rücken ihr Land ins rechte Licht, indem sie dem Hof berichten, wie bei ihnen alles aufs beste bestellt ist.

«Dycke bier trinken die bawer,
Fische und wildpret ist es reich,
große welde hats umb sich und teich,
gute dörffer und wenig stete,
weys brot zu essen ist ör sete ...»

Das läßt sich hören. Aber auch der ungarische König weiß, was sich gehört. Und so ertönt Gesang und Spiel auf dem Schloß von Preßburg, während Königin Gertrud als Deutsche darauf achtet, daß ihre Tochter nur mit dem Allerfeinsten ausgestattet die große Reise antritt. Gerade die Schilderung der kostbaren Mitgift gehört zum unbedingten Bestand eines solchen Berichtes und wird auch mit Hingabe und nahezu kultischer Umständlichkeit der staunenden Nachwelt vermeldet.

Mit zwei Wagen waren die Gesandten angekommen, nun zog die Gesandtschaft auf dreizehn Wagen über die alten Königs- und Handelsstraßen gen Norden. Dreizehn ungarische Edelfräulein, zwei ungarische Priester, Farkas und David, gehörten zu dem Gefolge. Ungarische Soldaten bewachten den Konvoi, der 30 bis 35 km am Tag zurücklegte und in Burgen und Klöstern Rast machte. Prag und Nürnberg sind die wichtigsten Zwischenstationen. Überall säumten die Menschen die Straßen, um den Zug zu bewundern, die vornehmen Gäste, die Reiter und Wagen.
Am Georgentor in Eisenach nimmt der Landgraf den Festzug in Empfang und die kleine Elisabeth auf seine Arme, drückt sie an seine Brust und dankt Gott, daß nun alles so gekommen ist, wie er es sich ausgedacht hat. Wer denkt in einer solchen Stunde auch schon daran, daß keine noch so hoch angesetzte Diplomatie die Wahrheit des Sprichwortes außer Kraft setzt, das lautet: Der Mensch denkt, und Gott lenkt.

2. Adel verpflichtet

Die Verlobungszeremonie war ebenso einfach wie sprechend. Man legte den «Knaben Bräutigam und das Kindchen Elisabeth in Vorbedeutung der zukünftigen Hochzeit» in dasselbe Bett. Leider war der «Knabe Bräutigam» nicht von guter Gesundheit und starb schon 1216, fünf Jahre nach der Ankunft Elisabeths. Eigentlich wäre nun Elisabeth wieder frei gewesen. Aber da war noch Ludwig, der jüngere Bruder des verstorbenen Hermann. Er hing ganz entschieden an dem kleinen

Mädchen aus Ungarn, mit dem er wie Bruder und Schwester herangewachsen war: «Lieber Bruder – liebe Schwester» werden sich die beiden auch später einander nennen.

Vom Geist der Wartburg

Obwohl sich das Leben der landgräflichen Familie in diesen Jahren noch nicht auf der Wartburg abspielte, sondern vorwiegend in dem zwischen der Georgs- und der Michaelskirche gelegenen Landgrafenhof, ist doch die mächtige, außerhalb der Stadt gelegene Höhenburg zum Gütezeichen thüringischer Hofhaltung geworden. Landgraf Hermann I. († 1217) ist aber tatsächlich nicht nur der rücksichtslose Machtpolitiker, sondern auch der große Förderer der Künste, als welcher er in der sagenhaften Erzählung von dem Sängerwettstreit am thüringischen Hof auftritt. Die ritterlich-höfische Lebenshaltung, welche die Grundlage war für die kulturelle Blüte der Stauferzeit, fand in ihm einen repräsentativen Vertreter, der weder Kosten noch Bildung scheute, um die volkssprachliche Dichtung seiner Zeit zu fördern und freilich auch in den Dienst seines Geltungsdrangs zu stellen. Ein feinsinniger Dichter wie Walther von der Vogelweide, der nicht nur einmal die Gastfreundschaft des Landgrafen genossen hat, findet freilich auch kritische Töne für diese Art von Verbindung von Muse und Macht.

«ein schar vert ûz, diu ander in, naht unde tac.
grôz wunder ist daz iemen dâ gehoeret.
der lantgrâve ist sô gemuot
daz er mit stolzen helden sîne habe vertuot,
und gulte ein fuoder guotes wînes tûsent pfunt,
dâ stuends doch niemer ritters becher laere.»

Dieser höfische «Kulturbetrieb» ist freilich nicht nur als eine Spezialität des Landgrafenhofs in Eisenach zu betrachten, sondern hat seine Wurzeln in einer merkwürdigen Überhöhung des ganzen Lebens, die wir seit dem Beginn der Kreuzzüge beobachten können. Etwas Romantisch-Schwärmerisches erfaßt die Welt der «alten Rittersleut». In den Fürstenspiegeln jener Zeit zeigt es sich, daß der Fürst längst nicht mehr der Haudegen ist, der sich einfach als Kraftnatur gebärden kann. Jetzt wird er gemessen an den Idealen und Aufgaben, die seine Person dem Reichsgedanken vom Gottesgnadentum einfügen. Die Forderungen ritterlicher Sittlichkeit (Treue, Dienst) werden sakralisiert, wie denn auch Waffen und Fahnen gesegnet werden und die Schwertleite germanischer Herkunft zur Ritterweihe wird, die eindeutig christlich-religiöse Prägung verrät. Aber nicht nur rituell werden Mönchs- und Jungfrauenweihe zum Modell der Ritterweihe, auch grundsätzlich kommt darin ein Verlangen zum Ausdruck, seinen Dienst höher anzusetzen, ihn letztlich als Gottesdienst zu verstehen.
Hinzu kommt, daß zur gleichen Zeit die höfische Liebe Frauenminne und Marienverehrung miteinander verknüpft, so daß zumindest die adelige Frau aus ihrer bisherigen Zurücksetzung hervortritt und in dieses einheitliche Fluidum von religiöser Ergriffenheit und irdischer Hochgemutheit einbezogen wird. Sowohl das

ritterliche Epos als auch das höfische Minnelied künden von dieser merkwürdigen Durchdringung von höchst weltlichen und zutiefst religiösen Motiven, die sich im Bewußtsein eines ganzen Standes vollzog. Was immer an Phantastik die Artus-Sage und den Rosenroman durchzieht, war das Dreigestirn Hartmann von Aue († 1216), Wolfram von Eschenbach († 1220) und Gottfried von Straßburg († 1216) an Idealisierung und Überhöhung in seinen Versepen anstrebt, was Walther von der Vogelweide († 1230) in seinen Liedern besingt, es ist alles eingetaucht in diese süß-bittere Empfindsamkeit einer religiös gedeuteten Welt der Minne und des Schwertes. Zugleich sprechen diese großen literarischen Denkmäler von dem hoffnungslosen Unterfangen, Gottesdienst, Herrendienst und Frauendienst in Einklang zu bringen, und die dunkle Klage, die immer wieder laut wird, läßt etwas von der Brüchigkeit ahnen, die solcher Standesideologie innewohnt. Ähnlich wie die Jugendbewegung unseres Jahrhunderts mußte auch diese sakralisierte Welt der Ritterhöfe an ihrer inneren Verschwommenheit zerbrechen.

Fromme Ängste

Aber die ungarische Prinzessin kam nicht nur an einen sanges- und trinkfreudigen Musenhof mitteldeutscher Prägung, sie begegnete dort auch der zeitgenössischen Frömmigkeit in der Gestalt ihrer zukünftigen Schwiegermutter. Die Landgräfin Sophie aus der bayrischen Herzogsfamilie der Wittelsbacher war nämlich eine wirklich fromme Frau, was wahrscheinlich eine gewisse

Strenge gegenüber dem lebhaften Kind aus Ungarn einschloß, aber noch längst nicht dazu berechtigt, sie als einen Drachen darzustellen, wie es geschehen ist. Als sie vier Jahre nach dem Tod ihres weltlich gesinnten Gatten in das St. Katharinenkloster der Eisenacher Zisterzienserinnen eintrat, vertraute sie dem sogenannten Elisabeth-Psalter folgendes Gebet an, das sie anscheinend immer wieder für ihren Gatten gesprochen hatte, als er noch lebte:

«Ich empfehle Dir, Jesus, Deinen Diener Hermann, der, obwohl in viele Verbrechen und Sünden verstrickt, doch von Dir erschaffen und durch Dein teures Blut erkauft ist und auf Dich hofft, schütze ihn vor allem Übel heute und allezeit, bewahre und befreie ihn von der Herrschaft, den Nachstellungen, dem Betrug und Banden und Stricken, den Geschossen und der Gewalt aller seiner Feinde, bewahre ihn vor allem Schaden des Leibes und der Seele und vor einem plötzlichen Tode. Dir empfehle ich ihn in der gläubigen Hoffnung, daß er durch Dein bitteres Leiden erlöst werden könne, erhöre mich Sünderin für Deinen Bruder Hermann.»

Sie selbst weiß sich als Sünderin, ihren in Verbrechen und Sünden verstrickten Mann aber als Bruder Jesu. Das ist bemerkenswert. Der kirchlich-zisterziensischen Devotio der Landgräfin Sophie ist eine bewegende Kraft des Glaubens nicht abzusprechen.

Tatsächlich hatten die verschiedenen religiösen Strömungen, die sich in dem weiten Feld der Kreuzzugserfahrungen gebildet hatten, auch vor den Schlössern und Burgen der Großen nicht Halt gemacht. Die Forderung nach dem «apostolischen Leben» mußte ja laut werden, wo die Christenheit nach Jahrhunderten zum ersten Mal wieder auf breiter Front mit den Schauplätzen des historischen Lebens Jesu und seiner ersten Jünger in Berührung kam. Was von den Prämonstratensern über die Zisterzienser zum franziskanischen Frühling hinführt, ist nichts als die tiefe Sehnsucht nach einer Nachfolge Christi, die unmittelbar erlebt und nicht in rechtlichen und dogmatischen Sätzen behauptet wird. Das Verlangen nach Unmittelbarkeit mußte in dieser Zeit geistiger Unruhe und tiefreichender Umbrüche in Konflikt geraten mit den vielfältigen Formen des Manirismus und der leeren Gesten, in denen nicht zuletzt das höfische Leben befangen war.

Sollte deshalb nur den Ordenschristen der Weg zu einem höheren und reineren Leben nach dem Evangelium offenstehen? Waren nicht alle Brüder und Schwestern Jesu Christi und angesichts des nahen Endes zur Umkehr berufen? Was ist da zu tun über die Klostergründungen und Jahrtagsstiftungen hinaus, mit denen man bisher Gegengewichte zu schaffen suchte zu den Anforderungen des irdischen Lebens? Vielleicht ist schon eine Flur-Kapelle gut an der Stelle, wo einmal Blut floß, oder ein Kind für den geistlichen Stand weihen, oder selbst Jahre der Buße leben, wenn der Lebenstag sich neigt. Almosen geben sowieso. Am Gürtel jeder adeligen Dame hatte die Almosentasche ihren Platz.

Überhaupt die Frauen des hohen und des niederen Adels! Von den reichen Städten Brabants aus hatte eine religiöse Frauenbewegung ihren Ausgang genommen, die sich sehr bald auch in Deutschland auswirkte. Die Beginen (béquin = Haube) rekrutierten sich aus den Damen der höchsten Gesellschaftskreise und waren sich einig in ihrer Abkehr von Reichtum, Ehe und glanzvoller Repräsentation. Sie hatten sich einem Leben in selbstgewählter Armut und Keuschheit zugewandt, Bußübungen, Handarbeit und Dienst an den Kranken gehörten zu ihren Obliegenheiten. Die belgische Begine Hadewich erwähnt in ihrer «Liste der Vollkommenen» aus der ersten Hälfte des 13. Jahrhunderts, auch Namen von Frauen und Jungfrauen aus Sachsen und Thüringen. Das beweist auf jeden Fall, daß diese Reformbewegung auch im Lebensraum der Landgräfin Sophie und ihrer Pflegetochter nicht ganz unbekannt gewesen sein kann.

Spielen vor Gott

Das Königskind aus Ungarn hat eigentlich keine der beiden Aspekte des Eisenacher Hofs als ihre Welt empfunden. Ihm ging es weder um den Glanz der Machthungrigen noch um den gedämpften Ernst der Frommen, sondern um die Mysterien der Kinderwelt mit ihren seltsam spannenden Spielen, die damals wie heute einen unveränderten Grundbestand aufweisen: In der Kemenate der Frauen, wo die Mädchen und Jungen gemeinsam bis zu ihrem siebten Lebensjahr erzogen wurden, waren es lederne Puppen bzw. Steckenpferde aus Holz. Im Freien wurde Ringelreihe getanzt, mit dem Federball gespielt, gehüpft, geschaukelt, Kreisel getrieben und Fang- und Versteckspiele anberaumt. Auch Abzählreime spielten schon ihre magische Rolle. Bei einem dieser Spiele in großer Kinderschar – allein des Landgrafs Kinder waren fünf: Hermann, Ludwig, Heinrich Raspe, Conrad und Agnes, dazu noch sechs andere Kinder adeliger Herkunft, unter ihnen Guda, die Lieblingsfreundin, und Isentrud – soll die kleine Elisabeth plötzlich bekundet haben: «Einmal soll mir genügen, die anderen Runden will ich Gott zuliebe unterlassen.» Eine kindliche Grille? Eine fromme Arroganz? Das spätere Leben wird den Echtheitsbeweis erbringen müssen.

Jedenfalls wirft dieses erste Zeugnis kindlicher Gottesliebe Licht auf die Entschiedenheit und Bewußtheit, mit der das Königskind vor Gott spielerisch, aber doch voll da war. Deshalb will es auch das Krönchen nicht auf dem Kopf lassen, wenn es mit der landgräflichen Familie in der Kirche Platz nimmt. Ihrer Pflegemutter Sophie, die sich über diese neue Sitte ärgert, antwortet sie:

«Liebe frouwe, verargit mir das nicht,
Nu stet hie vor myme angesicht
Also barmeclich cristus bilde
Wie der sueße und der milde
Mit scharffin dornen ist gekronet.
Wan ich keyn om (ihm gegenüber) so uppeclichen stunde
Und her mich mit perlin gekronet funde.
Mit golde und auch mit edelem gesteyne.»

Diese Worte legt zumindest die Reimchronik dem eigenwilligen Mädchen in den Mund, das sich anscheinend von Anfang an den Luxus leistet, seine eigenen Werturteile über die Etikette des Hofes zu stellen. Unwiderstehlich bricht sich der Strom der Liebe seine Bahn durch all das Gestrüpp und Gerümpel von Vorstellungen aus zweiter Hand. Anders ist es ja auch gar nicht zu verstehen, daß das hübsche und liebenswürdige Mädchen nicht bald in die Strömungen hineingeraten wäre, die das Hofleben in so verschiedener Richtung durchzogen. So aber staunen die Leute über die Reitkünste der Kleinen aus dem Magyarenland, deren höchste Lust es war, auf ungesatteltem Pferd über die Wiesen zu sprengen. Auch erfahren wir, daß sie beim Spielen fürs Leben gern gewinnen wollte und dem lieben Gott kleine Opfer versprach, wenn er sie nur gewinnen ließe. Eine durchaus tröstliche Nachricht für alle Anfänger.

Mit sieben Jahren

Mit sieben Jahren beginnt für die Kinder auf dem Landgrafenhof der Ernst des Lebens. Jetzt trennen sich die Wege der Buben und der Mädchen. Den Jungen wurde besonders das Jagen und der Umgang mit Waffen, Pferd, Hund und Falke beigebracht. Mit zwölf Jahren wurden sie an fremde Höfe geschickt, um dort als Knappen fremde Länder, Sitten und Sprachen kennen zu lernen. Der Ritterschlag (im allgemeinen mit 17 Jahren) schloß diese Ausbildungszeit ab. Lesen und Schreiben, die eine oder andere Fremdsprache, Musizieren, ein wenig Latein konnte da jeder.
Bei den Mädchen steht noch Spinnen, Nähen, Weben und Sticken auf dem Stundenplan, und eine Meisterin war dabei zur Stelle. Sie achtete darauf, daß die höheren Töchter auch Fortschritte machten. Viel Wert wurde bei dieser Erziehung auf die «mâze» gelegt, die ein maßvolles, beherrschtes Auftreten ebenso meint wie eine innere Ausgewogenheit. Es scheint, daß das ungarische Mädchen darin nie eine Musterschülerin war und

es bis zu ihrem frühen Tod nicht verbergen konnte, daß das Maß ihres Lebens die Maßlosigkeit der Liebe war. Die Leidenschaft und Glut ihres Herzens lassen sich in keine überlieferten Formen pressen, und mehr als einmal wird die Landgräfin Sophie den Kopf geschüttelt haben über das ebenso eigenwillige wie fromme Mädchen, das eine besondere Vorliebe für den Apostel Johannes hatte.

«Elisabeth hatte sich mit ihren Gespielinnen einen Tag bestimmt, an dem sie sich jede einen Apostel auslosen wollten. Elisabeth betete, es möchte ihr der heilige Johannes zufallen; ihn verehrte sie vor allen Heiligen am meisten. Zwölf Wachskerzen wurden auf den Altar gelegt, jede gezeichnet mit dem Namen eines Apostels. Elisabeth griff eine Kerze heraus, es war die mit «Johannes» gezeichnete. Zweimal wiederholte sie den Versuch; und jedesmal war es die Johanneskerze, die sie aus den elf anderen herausgriff. Groß war ihre Freude. Fortan war ihre Andacht zu dem Lieblingsjünger des Herrn noch größer und inniger; sie versprach sogar, nie im Leben etwas zu verweigern, wenn man sie im Namen des heiligen Johannes darum bitte.»

Mit sieben Jahren ist es auch, daß das Mädchen seine Mutter verliert. Wir wissen nicht, ob und wie man ihm von der entsetzlichen Bluttat im Pilisgebirge berichtet hat. Königin Gertrud wurde dort während einer Jagd ermordet, und der Chronist weiß zu berichten, daß die Verschwörer, als sie in ihr Zelt eindrangen, «ihre flehend ausgestreckten Hände abschlugen und sie gänzlich in Stücke hieben.» Ganz gewiß aber erlebte sie sehr bewußt vier Jahre später (25. April 1217) den Tod ihres Schwiegervaters. In geistiger Umnachtung und im Kirchenbann stirbt da der mächtige Landgraf Hermann I.

Sein Tod mußte eine eindrucksvolle Bestätigung der Wahrheit sein, wie aller Glanz der Welt zerfällt, denn so viel Unglück auch seine wankelmütige Bündnispolitik über sein Land brachte, im Rampenlicht seiner Zeit hat er immer gestanden, der imposante Thüringer. Gerne wüßten wir, wie Elisabeth den Tod ihres Verlobten Hermann empfunden hat, der ein Jahr vor seinem Vater sein junges Leben beendete. Man kann da den Berichten nicht einfach Glauben schenken, die diesen Tod als das Fanal für viele am Hof deuten: Jetzt nichts als weg mit dieser merkwürdigen Prinzessin! Schickt sie wieder dahin zurück, woher sie gekommen ist! Es könnte gut sein, daß dieses rechtlich hochbedeutsame Datum für das neunjährige Mädchen nicht diese einschneidende Wirkung hatte, wie das nachträglich dargestellt wird. Ganz sicher aber ist, daß diese Erfahrung vom Tod dreier besonders nahestehender Menschen in dem Wort des Mädchens mitschwingt, das sie zu ihren Freundinnen sagt, als sie einmal an dem Totenhaus vorbeikommen.

«Hier sind die Gebeine der Toten, diese waren lebend wie wir, und nun sind sie tot, wie auch wir tot sein werden. Lasset uns Gott lieben!»

Das goldene Zeitalter des Menschen ist die Kindheit. Es geht mit dem Augenblick zu Ende, in dem das Kind begreift: auch ich werde sterben. Das ist bitter. Gehört es aber nicht zum Adel des Menschseins, um diese Bestimmung zu wissen und ihr zu entsprechen? Elisabeth sagt zu ihren Freundinnen nichts Neues. Auf Hunderten von Gräbern und Beinhäusern lesen wir den von ihr überlieferten Ausspruch. Aber der nüchterne Ernst und die feste Glaubenshaltung, die da aus dem Mund eines lebensfrohen Mädchens spricht, beschämen so manchen Dauerflüchtling und Verdrängungskünstler damals und heute. Wenn es neben dem Adel des Blutes auch einen Adel der Seele gibt, dann gehört Elisabeth ganz gewiß beiden an. Und die Verpflichtung des einen geht tiefer als die Verpflichtung des andern.

3. Es gibt nur eine Liebe

Während die neuzeitliche und moderne Elisabethverehrung besonders gern und ergriffen bei den glanzvollen Jahren auf der Wartburg verweilt, hat die zeitgenössische Bezeugung diesem Lebensabschnitt eine relativ kurze Schilderung gewidmet. Im Büchlein über die Aussagen der vier Dienerinnen suchen wir vergebens nach all dem, was eine moderne Biographie gewiß nicht unterlassen würde, als wichtig dem Leser zu vermelden. Um so mehr und detaillierter werden wir dann über die heroischen Taten der Heiligen in den Marburger Jahren in Kenntnis gesetzt. Und dabei müßte doch gerade Guda etwas über das Aussehen und das Erscheinungsbild der jungen Elisabeth sagen können, denn sie wurde der vierjährigen Königstochter als Gespielin zugesellt, als sie selbst gerade erst fünf Jahre alt war. Ununterbrochen war sie in der nächsten Nähe Elisabeths bis zu dem Tag, da «die selige Elisabeth ihre Gelübde ablegte und aus der Hand von Magister Konrad das graue Gewand nahm.»

Aber auch Isentrud von Hörselgau, die von 1222–1228 Hofdame bei Elisabeth war, weiß uns nichts zu berichten von dem Menschen Elisabeth. Die beiden anderen Dienerinnen, Elisabeth und Irmgard, waren erst in Marburg an der Seite der Heiligen. Wie also der Teenager Elisabeth wirklich aussah, wie er auf seine Umgebung wirkte, können wir nur aus dem unter ganz anderem Erwartungshorizont vorgenommenen «Verhör» erschließen, das 1235 mit diesen vier Dienerinnen durchgeführt wurde. So aber müssen wir auch die Zeugnisse dieser unmittelbarsten Umgebung der Heiligen sorgsam aus der Situation verstehen, aus der heraus sie entstanden sind, und das ist eben die kirchlich angeordnete Befragung mit Blick auf die Heiligsprechung einerseits und das Staunen der Dienerinnen andererseits, die nun im nachhinein sehen, was aus ihrer Elisabeth nun tatsächlich geworden ist. Verständlich, daß da kein geeigneter Raum mehr ist für die menschliche Seite an dem so wundersamen Mädchen Elisabeth. Auch 1235 ist Elisabeth bereits Legende, so daß auch für die frühesten Zeugnisse schon die Mahnung von Reinhold Schneider gilt: «Wir dürfen die Blüten der Legende, die sie umrankt, nicht knicken; sie sind zu innig um sie geschlungen; wohl aber müssen wir sie ein wenig zur Seite biegen, um die Schmerzen zu ahnen, die Elisabeth verschwieg. Nicht die Wunder sind das Wesentliche, sondern die Liebe und der Glaube und die weltgeschichtliche Sendung.»

Gehörte zu diesen Schmerzen, die Elisabeth verschwieg, auch ihre Heirat mit Ludwig IV? Wenn wir der Behauptung ihres Seelenführers Konrad von Marburg Glauben schenken, dann müßten wir tatsächlich davon ausgehen, daß Elisabeth am liebsten im Stand der Jungfräulichkeit geblieben wäre. Machen wir uns dazu folgendes klar! 1233 legt Konrad von Marburg dem Protokoll der Kommission, die zur Prüfung der Wunder eingesetzt wurde, einen Lebensabriß der heiligen Elisabeth bei, der als «Brief an den Papst» zum wichtigsten Zeugnis über das Leben Elisabeths wurde. Und dieser «Brief» beginnt mit der Feststellung: «Schon zwei Jahre zuvor, ehe Elisabeth mir anempfohlen wurde, bin ich, noch bei Lebzeiten ihres Gatten, ihr Beichtvater geworden. Da fand ich sie wehklagend, daß sie sich jemals ehelich gebunden hatte und also nicht als Jungfrau ihr irdisches Leben beschließen konnte.»
So steht es nun einmal da, und obwohl wir uns daran gewöhnt haben, Elisabeths Ehe mit Ludwig IV. als eine echte und glückliche Liebesehe zu betrachten, sollten wir uns dennoch hüten, diese Aussage ihres gestrengen Seelenführers einfach als eine Lüge oder als eine ideologische Verdrehung der Tatsachen zu betrachten und zur Seite zu schieben. Die Frage muß schon erlaubt bleiben, ob eine 18jährige Gattin und Mutter von zwei Kindern nicht auch dann noch ab und zu in einen inneren Zwiespalt der Gefühle geraten kann, wenn sie zwar wirklich glücklich verheiratet ist, aber doch auch die Unermeßlichkeit der Liebe zu Gott erfährt. Kann es nicht Stunden und Tage geben, wo der Bogen der Spannungsein-

heit von Gottes- und Gattenliebe bis zum Zerbrechen angespannt ist? Und darf dann ein auch noch so hoch begnadeter Mensch nicht auch einmal in eine Wehklage ausbrechen, die weniger eine Frage beantwortet als anzeigt, daß da eine Frage ist? Die Hymniker der Ehe sowohl als auch die Lobredner der Jungfräulichkeit haben Gründe genug, um jeweils ihrem Ideal zu huldigen. Aber geschieht das nicht oft ohne realistische Einschätzung des Menschen, der zu diesen Idealen berufen ist und der erlebt, wie auch die unumstößlichste Entscheidung Stunden des inneren Ringens nicht überflüssig macht? Nehmen wir dem Leben der Heiligen nicht seine innerste Glaubwürdigkeit, wenn wir es in der Weise glätten, daß es nur noch Sieghaftigkeit ausstrahlt und nicht mehr das Motiv des Kampfes, das uns doch allen so tief vertraut ist?
Es ist deshalb nicht unbedenklich, solche Zeugnisse eines inneren Ringens als nachträgliche Versuche einer «Verkeuschung» Elisabeths zu deuten. Denn es gibt nicht nur eine eheliche Keuschheit, die Kirche hat das auch immer schon gewußt und anerkannt. Selbst dort also, wo mittelalterliche Klischeevorstellungen am Werk sind, sollten sie uns nicht dazu verführen, mit modernen Klischees kontern zu wollen. Dafür ist das doppelte Geheimnis von Gott und Mensch zu groß.

Minne

Es wäre natürlich schön zu wissen, wann und wie Elisabeth ihr Herz für den um sieben Jahre älteren Ludwig entdeckte. Läßt ihre gegenseitige Bezeichnung

als «Bruder» und «Schwester» darauf schließen, daß es ein sehr harmonischer Übergang war aus der gemeinsamen Kinderzeit in die nun neu thematisierte Gemeinschaft der Liebenden? Wer war in wen mehr verliebt? Die Königstochter in den jungen Landgrafen oder dieser in das temperamentvolle Mädchen? Duldete die höfische Etikette das Alleinsein der beiden miteinander? Konnten sie, die später so gerne miteinander ausritten, auch jetzt schon gemeinsame Unternehmungen durchführen? Stand Elisabeth unter einem gewissen Erwartungsdruck von seiten der beiden Familien?
Nichts wäre unrealistischer als solche und ähnliche Fragen im Blick auf eine große Heilige als unstatthaft zu unterdrücken. Die damalige Zeit war erfüllt von einem Minnesang, der alle Stufen der «hohen» und der «niederen» Minne kannte, die etwa in den Liedern eines Walther von der Vogelweide nach einer inneren Vermittlung streben. Und wenn wir auch eindeutig davon ausgehen, daß die beiden Liebenden am Thüringer Hof in der ganzen Reinheit und Innigkeit ihrer Jugend einander gehörten, so darf damit nicht die süße Verzauberung ausgeschlossen sein, die diese Phase der Selbstfindung im Du des andern kennzeichnet. Wenn es nämlich stimmt, daß es am Hof eine ablehnende Haltung ihr gegenüber gab, dann wäre es um so wahrscheinlicher, daß die beiden Liebenden besonders intensiv aufeinander verwiesen gewesen wären. Dann wäre in diese Zeit der Liebe sicher auch eine kämpferische Note gekommen. Ludwig muß ja Elisabeth die Familie und die weit entfernte Heimat ersetzen. Und nichts ist so bezwingend, so ausschließlich wie eine solche Liebe, die aus den Kindertagen herangereift ist und nichts anderes

kennt als das geliebte Du. Jedenfalls wird berichtet, daß der treue Walther von Vargila auf einem Ritt den jungen Landgrafen geradeheraus gefragt habe, ob er an Elisabeth festhalten möchte. Und als er dies bejahte und ihn beauftragte, Elisabeth dies zu sagen, da freute sich Elisabeth und bekundete ihr Glück mit einem frohen Lachen. «Si lachte fruntlich unde sach in an unde dankete dem rittere lobesam.»
Die merkwürdige Entwertung der ehelichen Liebe, die durch den Minnesang auf den Burgen und Schlössern der damaligen Zeit Einzug hielt, erreicht diese beiden Liebenden nicht. Während es nämlich zum guten Ton der Ritterherrlichkeit gehört, zu Hause eine Gattin zu haben, die Herrin des Hauses, Trägerin des Namens und Mutter des Geschlechtes ist, selbst aber sich der Dame des Herzens zu weihen, kennen Elisabeth und Ludwig dieses Spiel der Eitelkeit nicht. Ihre Liebe ist von der Art, wie sie Wolfram von Eschenbach für seinen Parzival entwirft, der keine andere Minne kennt als die zu seiner Gattin Kondwiramur. Sie, die miteinander aufgewachsen sind und durch die gleichen Kindheitserlebnisse und Ereignisse der Jugend miteinander verbunden sind, halten einander in so auffallender Weise die Treue, daß es die Verwunderung der Zeitgenossen hervorruft. Eine Szene aus dem Leben des jungen Ehemanns, von der uns Dietrich von Apolda erzählt, ist dafür kennzeichnend. Nach einem festlichen Mahl auf dem Herrensitz eines befreundeten Fürsten, schickt man dem Landgrafen ein hübsches Mädchen auf das Zimmer, um ihn auch in dieser Weise zu verwöhnen. Ludwig ruft aber in aller Selbstverständlichkeit seinen Ritter Walther von Vargila herbei, drückt ihm eine Sil-

bermark in die Hand und sagt zu ihm, er solle das der Frau schenken und sie bitten, das Zimmer zu verlassen: «Selbst wenn der Ehebruch keine Sünde wäre, würde ich doch durch dergleichen meine Elisabeth nicht betrüben wollen.»
Groß und überzeugend tritt in dieser Liebe die Wahrheit hervor, daß Gott niemals Konkurrent und Rivale des menschlichen Partners ist, sondern immer dessen Vater und wundervoller Lichtglanz. Das sichere Wissen der Liebenden, daß sie für einander geschaffen und erwählt sind, daß jeder dem andern geschenkt wurde aus grundloser Liebe, erfährt in der gemeinsamen Hingabe an Gott eine Besiegelung von grundsätzlich unüberbietbarer Würde. Anders als bei den Anbetern von Eros und Sexus verselbständigen sich diese Urthemen menschlichen Daseins nicht zu rauschhafter Entmündigung bzw. ästhetischer Stilisierung der Liebenden, sondern bleiben Ausdruck der einen und unteilbaren Liebe Gottes, die alles Ergötzen und alles Erschauern in sich beschließt.

Ludwig

Im Januar 1221 findet in der Georgenkirche am Markt von Eisenach die Trauung statt. In der gleichen Kirche, in der am St. Kilians-Tag 1218 Ludwig den Ritterschlag empfangen hatte, geben sich nun die beiden Liebenden ihr Jawort. Anschließend geht es hoch her: «Was da für eine Herrlichkeit war mit Stechen (Turniere) und Tanzen und Hofieren von Herren und Frauen in der Stadt und Vorstadt bis an den Hain (Hainstein), drei Tage, das läßt sich in kurzen Worten gar nicht schildern.» Die 14-jährige Braut geht an der Seite eines Landgrafen, der trotz seiner 21 Jahre schon 4 Jahre die Regierung seines Landes ausübt. «Dei gratia Thuringie lantgravius et Saxonie comes palatinus» (Durch Gottes Gnade Landgraf von Thüringen und Pfalzgraf von Sachsen) nennt ihn ein Dokument vom 15. Januar 1217 mit seinem vollen Titel. Die Chronik von Reinhardsbrunn, Dietrich von Apolda und Friedrich Ködiz von Saalfeld machen in ihren Beschreibungen des Landgrafen und seines Lebens einen fast überschwenglichen Gebrauch von ihren Lobeserhebungen. Sie geben uns auch eine Beschreibung vom Aussehen dieses erstaunlichen Mannes:

«Er war von gerader, wohlgeformter Gestalt. Er war weder zu dick noch zu hager, so daß, wer ihn ansah, der war gern bei ihm und hatte ihn lieb.»

Und Caesarius von Heisterbach weiß:

«Ludwig war ein junger Mann von großer Rechtschaffenheit ... ein Feind des Lasters und, was in diesem Alter bei Laien besonders hervorzuheben ist, voll Gottesfurcht. Im ganzen Bereich seines Fürstentums hat er tiefen Frieden geschaffen ... Ludwig übte hohe Gerechtigkeit. Niemanden hätte er geschont, weder den Höfling noch den Soldaten, weder den Bürger noch den Bauern, wenn diese eines Diebstahls oder eines anderen Verbrechens angeklagt oder überführt worden wären. Er kannte keine Rücksicht auf die Person oder den Stand des Verbrechers. Geschenke konnten ihn nicht beeinflussen, wie es sonst wohl geschah, so daß die Richter oft blind wurden. Er richtete immer gerecht und jeden Übeltäter ... Der Landgraf war ein züchtiger und treuer Gemahl. Teils aus Gottesfurcht, teils aus gegenseitiger Liebe bemühte er sich, seiner frommen Gemahlin die Treue zu halten ...»

Sogar ein richtiges Heldenstückchen wissen die Chronisten von diesem tugendreichen Fürsten zu berichten. In einem Zwinger wurde nämlich ein Löwe gehalten, den der Herzog von Österreich dem Landgrafen geschenkt hatte. Als dieser Löwe eines Tages seinem unachtsamen Wärter entwischt und sich auf der Burg herumtreibt, begegnet ihm in der Morgenfrühe der Landgraf. Sofort brüllt das wütende Tier den ahnungslosen Ludwig an. Dieser aber läßt sich nicht einschüchtern, sondern fährt seinerseits den Löwen an, der sofort kuscht und mit dem Schwanz wedelt, um den Herrn des Landes wieder freundlich zu stimmen.

«Von stunt (sofort) leite sich der grimmege leuwe vor im nider als ein zamez hundelin unde wegete (wedelte) kein (gegen) im den zagil (Schwanz) sin.»

Freilich darf man nicht vergessen, daß die klösterlichen Chronisten auch guten Grund hatten, Ludwig als ein so makelloses Mannsbild zu feiern, denn sie haben es ihrem Landesherrn nicht vergessen, daß einmal ein fränkischer Ritter dem Kloster Reinhardsbrunn eine Wagenladung Wein entführt hatte, und ihr Landgraf den Räuber bis auf dessen Burg verfolgte, den Schnöden mit dem Schwert bedrohte und so das geraubte Gut wieder in geistlichen Besitz brachte. Und damit nicht genug, läßt er für die Mönche soviel beste Nahrungsmittel anliefern, daß sie zu ihrem wieder gewonnenen Wein auch gleich noch drei Tage lang gleichsam auf Staatskosten essen und trinken konnten. Die Moral von der Geschichte ist deshalb eindeutig:

«O hochgeborene Fürsten, merket wohl, daß er seinen eigenen Keller und seine eigene Küche hatte, denn er wollte die Diener Gottes nicht in ihrem heiligen Dienst stören, sondern sie sollten sich seiner Gegenwart in Frieden und Fröhlichkeit erfreuen, ohne daß er von ihnen dafür etwas anderes haben wollte.»

Es scheint dies offenbar nicht die Regel gewesen zu sein, wenn der Landesvater in seinem Hauskloster einfiel, um ein wenig zu verschnaufen.
Gleich zu Beginn seiner Regentschaft hatte aber der energische Thüringer gezeigt, daß mit ihm nicht zu spaßen ist und er nicht gewillt war, den Kirchenbann hinzunehmen, den Erzbischof Siegfried von Mainz über ihn ausgesprochen hatte. Deshalb griff er die Verbündeten des Erzstiftes in Hessen an. Im Frieden von Fulda mußte der Erzbischof 1219 klein beigeben und den damals 19-jährigen Landgrafen und seine Anhänger vom Bann befreien. Wenn ihn deshalb auch das Volk gern «Ludwig den Heiligen» nannte, so mag doch das meiste Licht, in dem er gesehen wurde, von seiner Frau auf ihn gefallen sein.
Elisabeth gegenüber war er aber tatsächlich ein sehr feinfühlender und großmütiger Gatte, der für die ungewohnte und ganz aus dem Rahmen fallende Eigenart seiner Frau größtes Verständnis hatte und ihr Handeln stets mit seiner Autorität deckte. Auch ist an seiner tiefen Frömmigkeit nicht zu zweifeln, nur daß sie sich eben gegenüber dem Feuer, das in Elisabeth brannte, wie ein «rauchend Lämplein» ausnahm.

Unzertrennlich und doch mit je eigenem Bereich

Im Blick auf die kurze, aber von einer leidenschaftlichen Liebe beseelte Ehe, kommt so mancher Elisabeth-Biograph ins Schwärmen. Und in der Tat ist es ja eine befreiende Tatsache, wie die junge, von Gottesliebe erfüllte Landgräfin, das Glück ihrer Ehe bejaht und ihrem Ludwig eine liebende Gattin und eine charmante Gefährtin ist. Sich die beiden in ihren farbenfrohen Gewändern inmitten der schönen Landschaft von Thüringen mit ihren Tannenwäldern und Silberflüssen vorzustellen, wie sie zur Neuenburg oder nach Reinhardsbrunn reiten. Das Bild, der mit kunstvoll gewirkten Teppichen geschmückten Burgsäle, in denen das junge Paar die festliche Tafelrunde krönt. Die ungebrochene Einheit des Glaubens, die sie beim Besuch der Gotteshäuser bekunden und in ihrem gemeinsamen Beten zum Ausdruck bringen. Die tiefe Vertrautheit, in der sie sich als Mann und Frau gehören. Das alles ist durchaus nicht so selbstverständlich, daß es nicht als Thema im Leben einer großen Heiligen herausgestellt zu werden verdiente. Fast unwillkürlich drängt sich ja die Vorstellung auf, daß im Leben eines Heiligen körperliche Liebe eine höchst beiläufige und mehr als notwendiges Übel in Kauf genommene Rolle zu spielen habe. Daß davon bei Elisabeth keine Rede sein kann, bezeugen die zeitgenössischen Berichte. Es klingt wie Erstaunen, daß es etwas so Lebendiges und Spontanes geben konnte, wie die Freude der jungen Ehefrau, die ihrem Gatten entgegeneilt, wenn er von einer Reise zurückkehrt und ihn in aller Öffentlichkeit mit ihren Küssen überschüttet. Sie trauert, wenn er auf Kriegszügen und Reisen ihr

fern sein muß, sie jubelt durch Haus und Hof, wenn er wieder heimkehrt. Ihm zuliebe schmückt sie sich auch mit der ganzen Pracht der höfischen Repräsentation.
Elisabeth hat sich selbst ganz angenommen und deshalb auch ihr Frausein voll entfaltet. Der Liebe bedürftig und der Liebe voll wagte sie es, sie selber zu sein als eine Frau voller Wärme und Innigkeit, die sich ihrer Gefühle nicht schämte und ihre Frauenart nicht verleugnete. Aus dieser «Heimat der Identität» (E. Bloch) erwuchs ihr aber auch die Kraft zu einer Selbständigkeit und Unabhängigkeit, die man nicht übersehen darf, wenn man ihre so glückliche Ehe mit Ludwig IV. von deren innerem Baugesetz her begreifen will. Der Großmütigkeit, mit der ihr Gatte sie in ihrem religiösen und caritativen Tun gewähren ließ, entspricht nämlich ein ausgesprochener Gestaltungswille auf seiten der jungen Frau, die mit dem gewährten Spielraum auch wirklich etwas anzufangen weiß. Allerdings hat auch sie ihrem Mann nicht in seine vielfältigen territorialpolitischen Pläne hineingeredet und ihm so auf seinem Feld den Vertrauensvorschuß zurückbezahlt, den er ihr gewährte. So beobachten wir bei näherem Zusehen eine Kompetenzaufteilung im Leben der beiden Gatten, die in mancher Hinsicht geradezu moderne Züge trägt, auf jeden Fall aber Ausdruck einer hohen Achtung vor der Eigenständigkeit des jeweils anderen ist.
Trotz seiner echten Frömmigkeit und Gottesfurcht konnte der Landgraf seiner jungen Gattin nicht in die Bereiche völliger Selbstvergessenheit folgen, in denen sich Elisabeth stundenlang betend und betrachtend mit Gott verbunden wußte. Eine Episode, von der uns Isentrud berichtet, mag das veranschaulichen.

«Die selige Elisabeth stand des Nachts häufig zum Gebet auf, obwohl ihr Gemahl sie ermahnte, ihrer Gesundheit nicht zu schaden. Bisweilen hielt er auch eine ihrer Hände während ihres Betens in der seinen und bat sie aus Sorge um ihr Wohlergehen, sich doch wieder hinzulegen – Die selige Elisabeth ersuchte ihre Dienerinnen oft, sie nachts zum Gebet zu wecken. Manchmal schlief ihr Mann dabei, manchmal stellte er sich auch nur so. Da jene nun befürchteten, ihren Herrn durch das Wecken zu stören, fragten sie die Herrin, wie sie das Wecken besorgen sollten. Sie gab ihnen die Anweisung, sie an den Zehen zu ziehen. Einmal zog nun die genannte Isentrud an einer Zehe des Herrn. Dieser wachte auf; weil er aber ihre Absicht kannte, nahm er es geduldig an.»

Ein wahrhaft toleranter Fürst, aber eben auch einer, der in entscheidender Stunde nur noch als Statist fungiert, während seine Gemahlin die eigentliche Hauptdarstellerin ist in diesem Spiel zwischen Himmel und Erde, dem es auch nicht an einem Unterton unschuldiger Kindlichkeit mangelt. Um so erstaunlicher ist es, daß Ludwig dennoch seiner «liebsten Schwester» diesen Spiel-Raum beläßt, in dem er selbst sich nicht mehr ganz zurecht findet. In seiner Liebe aber denkt er von seiner Gemahlin her, läßt sich von ihrer Welt beeindrucken, weil sie eben ihre Welt ist.
Dieselbe Freiheit und Initiative beläßt er seiner Gattin auch in ihrem caritativen Tun, das ja grundsätzlich und immer schon eine Domäne der Landesmutter war, die darin ihre «mîlte» bekundete. Die Verteilung von Almosen und die Stiftung von Hospitälern überschritten keineswegs den Bereich des Herkömmlichen. Was aber Elisabeth darüber hinaus an unmittelbarer Pflege mit eigenen Händen ausübte, wie sie selbst in die Elendskammern der Siechen und Aussätzigen hineinging, das

überschritt in bedrohlicher Weise die Toleranzgrenze damaliger Vorstellungen. Und daß Ludwig auch hier den Anschauungen seiner Frau und nicht den Wertvorstellungen seiner Zeit den Vorrang gibt, macht die Tiefe seines Vertrauens zu ihr deutlich.
Trotzdem leidet Elisabeth sehr unter dem häufigen und oft lange währenden Getrenntsein von ihrem geliebten Gemahl. Es wäre ein Mißverständnis, diese Aufteilung der Kompetenzen als eine Art Trotzreaktion auf die tatsächlichen Verhältnisse zu werten. Elisabeth sucht keine Reviere der Selbstverwirklichung etwa nach dem Motto: Hab du deine Politik, deine Baugeschichten und Feldzüge, und laß mir meine Gebete, meine Gottesgedanken und meine Armen! Es geht im Gegenteil aus allen Schilderungen dieser ersten Ehejahre hervor, wie die junge Landgräfin sich kaum trennen kann, wenn ihr Gemahl verreist, und sie ihn auch bei schlechtem Wetter immer noch ein Stück des Wegs zu Pferd begleitet. Und wenn sie dann schließlich zurückkehren muß, dann legt sie Trauerkleider an, die sie erst dann wieder mit Festgewändern vertauscht, wenn Ludwig zurückkommt. Neben den mittelalterlichen Vorstellungen von dem Lebens- und Aufgabenbereich einer «edlen frouwe», ist es einfach die religiöse Berufung, die sich in dieser jungen Ehe mit elementarer Kraft durchsetzt und Elisabeth zu einer Eigenständigkeit führt, die zuvor wohl keiner dem Mädchen aus Ungarn zugetraut hätte. Wie wir nämlich noch sehen werden, bringt sie nicht nur ihr liebendes Herz ein in die Aufgaben der Selbstheiligung und der Fürsorge für die Armen, sondern weiß beides auch methodisch und organisatorisch zu gestalten und zu entwickeln.

Mutterglück

Am 28. März 1222 bringt die noch nicht einmal 16jährige Elisabeth ihr erstes Kind zur Welt, das wie sein Großvater Hermann genannt wird. Sie befindet sich zu dieser Zeit auf der Creuzburg im Werratal, während ihr Mann zu politischen Verhandlungen in Marburg weilt. In der Reimchronik von Johannes Rothe hört sich dieses Ereignis, das damals großen Jubel auslöste, auf der Creuzburg nicht weniger als in Marburg, einigermaßen betulich an:

«Wye Sand Elisabet iren ersten Soen Hermann gewann:
Also wart sy gein Creutzburg gebracht,
nachdem als sy hatte gedacht,
dae meinte sy were ihrem hern nae
und were auch geruhet dae.
Auf der Burg sy dae gelog
eines eigenen gemachs sy da pflog.
Dae woneten uf vil Erbar Weyber
die tag und nacht wollten bei ir bleiben.
Und ir auch warten wollten
nachdem als sy ruht sollten. –
Dar mochte sy zu Wartburg nicht gehen
wen dae waren weyber und vil Man. –
Diese Geburt von der ich sage
geschah nach unserer Frauen Tage
in der Fasten als ich das achte ...
Nahe bei den Ostern mochte es sein,
iren ersten Son sy dae gewen
der ward geheißen Hermann ...»

Die Mägde erzählen, sie habe nicht wie die Damen von hohem Adel, ihr Kind mit großem Gefolge zur Aussegnung in die Kirche gebracht, sondern habe es nach der üblichen Zeit (innerhalb 40 Tage) den Burgberg hinab zur Pfarrkirche getragen, barfuß und in ein Wollkleid gehüllt. Nach dem Beispiel der seligen Jungfrau habe sie das Kind zusammen mit einer Kerze und einem Lamm auf dem Altar dargebracht. Nach ihrer Rückkehr auf die Burg habe sie dann das Wollkleid, das sie zu diesem Gang trug, einer armen und alten Frau geschenkt. Nicht sie und der Thronfolger sollen im Mittelpunkt dieser Geste von großer Schlichtheit stehen, sondern der eine, der große Dinge tut, und von dem jede gute Gabe und jedes vollkommene Geschenk (vgl. Joh 1,17) kommt. Sie selber reiht sich bewußt und sichtbar in die Schar aller Mütter ein, die danken und bitten und nicht aufhören zu tragen. Nach der Geburt nicht weniger als davor. Wenn es stimmt, daß das Ehepaar am 29. September 1222, am Fest des Erzengels Michael, mit großem Gefolge nach Ungarn aufbrach, um Gast zu sein beim Vater der Landgräfin, dann würde das auch beweisen, daß Elisabeth, ganz der Gewohnheit ihrer Zeit folgend, das Kind von einer Amme aufziehen ließ. In den mittelalterlichen Hofhaltungen lag die Aufzucht und die Erziehung der Kinder weitgehend in den Händen von Dienstboten, und in diesem Punkt scheint sich Elisabeth nicht entscheidend von der herrschenden Gepflogenheit entfernt zu haben. Es gibt auch keinen Hinweis darauf, daß sie durch ihre Geburten und ihre Kinder eine wesentliche Neuprägung ihrer Persönlichkeit erfahren hätte, wie das ja oft bei Frauen beobachtet werden kann, die in einer gewissen Ausschließlichkeit Ehe und Familie als ihr Lebensthema verstehen. Bei Elisabeth erreicht das ganze Thema Kinder kriegen und Kinder haben längst nicht die Erfahrungsdichte wie etwa ihre Liebe zu Ludwig, aus der heraus sie ihre Kinder empfing und hervorbrachte wie ein Baum seine Früchte. Ihre eigenen Kinder haben sie jedenfalls nie daran gehindert, Mutter aller Notleidenden zu sein.

Die Reise nach Ungarn

Natürlich hätten wir gerne mehr in Erfahrung gebracht über diese Reise vom Spätjahr 1222, die von der Reinhardsbrunner Chronik mit diesem unwahrscheinlich späten Abreisetermin datiert ist. Schließlich ist es die einzige größere Reise, welche die beiden jungen Eheleute miteinander antraten, und das einzige Mal, daß sie miteinander in der Heimat Elisabeths weilten. Wir wissen auch nicht genau, warum diese Reise unternommen wurde. War es der Wunsch Elisabeths, wieder einmal in ihre Heimat zu kommen, und Vater und Geschwister wieder zu sehen? Erinnerte sie sich noch an die einzelnen Reisestationen, die sie nun nach elf Jahren in umgekehrter Richtung wieder passierte? Konnte sie noch genügend Ungarisch, um sich in Preßburg mit ihren Verwandten zu unterhalten? Längst war ja Deutsch zu ihrer Alltagssprache geworden, und wenn vielleicht auch die beiden Hofkapläne Farkas und David, die damals mit ihr die Reise nach Thüringen angetreten hatten, sie ein wenig in ihrer Muttersprache in Übung hielten, vieles wird sie in der Zwischenzeit verlernt haben. Und hat sie tatsächlich den ganzen Weg hoch zu Roß zurückgelegt, wie das in den alten Berichten nahegelegt wird? Solche und ähnliche Details dieser Reise kennen wir nicht. Es wird uns zwar berichtet, daß sich König

Andreas II. sehr über diesen Besuch gefreut habe und die Reisegesellschaft aufs herrschaftlichste empfangen habe. Über was haben sich aber Vater und Tochter unterhalten? Über den Tod ihrer Mutter und dessen Hintergründe? Über die neue Königin Yolanthe, die Tochter von Peter II., von Courtenay? Oder ging das Gespräch mehr über die schwierigen Verhältnisse, in die der König durch den Kreuzzug ins Heilige Land gekommen war? Die Finanzkraft des Landes war erschöpft, und Andreas II. mußte Geld prägen lassen, das nur noch äußerlich das gute ungarische Geld war, in Wirklichkeit aber um die Hälfte weniger Silber enthielt. Auch politisch sah sich der König bedrängt. Auf der einen Seite hatten ihm nämlich die Magnaten seines Reiches eine «Goldene Bulle» abgenötigt, in dem seine Souveränität stark beschnitten wurde. Auf der andern Seite wuchs ihm in seinem Sohn Bela IV. ein gefährlicher Rivale heran, den eine einflußreiche Partei am liebsten jetzt schon auf den Arpadenthron gehoben hätte. Der jetzt 16jährige Bela, verheiratet mit der griechischen Prinzessin Maria Laskaris, der Tochter des Kaisers Theoderich von Nikaia, wird einmal seinen Vater bei weitem übertreffen an Macht und Ansehen und nach dem entsetzlichen Tartarensturm von 1241/42 als der «zweite Gründer Ungarns» in die Geschichte eingehen. Ist er, der später einmal zu den glühendsten Verehrern seiner heilig gesprochenen Schwester zählen wird, jetzt der jugendlichen Landgräfin ein aufgeschlossener Gesprächspartner? Es wird uns nur von den festlichen Tagen und Wochen berichtet, die am Hof von Ungarn für die Gäste aus dem Norden bereitet wurden. Und wir stellen uns die Landgräfin als den Mittelpunkt dieser Feierlichkeiten vor, wie sie, an der Seite ihres geliebten Gatten, glücklich im Gedanken an den kleinen Hermann, das Kind ihrer Liebe dort unten auf der Wartburg, die graziösen Tänze ihrer Zeit mittanzt, ganz gelöst, ganz daheim. Der heilige Franz von Sales empfand das im Gedanken an die Heilige so: «Die heilige Elisabeth von Ungarn spielte und tanzte, sie nahm oft an fröhlichen Geselligkeiten teil, ohne ihrer Gottergebenheit dabei irgendeinen Abbruch zu tun, denn ihre Frömmigkeit war so tief in ihrer Seele verwurzelt, daß sie mitten in all dem Prunk und den Eitelkeiten, denen sie durch ihre Stellung ausgesetzt war, nur noch inbrünstiger wurde. Ihre Frömmigkeit erinnert an die Felsen im See von Rieth, von denen man sagt, daß sie unter den heftigen Schlägen der Wellen wachsen. Große Feuer werden durch den Wind erst entfacht, während kleinere verlöschen müssen, wenn man sie nicht schützt.» Noch schlagen im Leben der Landgräfin die Wellen nicht mit letzter Kraft an die Felsen, und noch bläst ein durchaus angenehmer Wind in das Feuer ihres Lebens. Aber beides ist schon da: Fels und Feuer.

Sorgen und Freuden

An der Seite Ludwigs gab es aber mehr Anlaß zu zittern als zu feiern. Schon 1221 hatte Ludwig nach dem Tod seines Schwagers Dietrich II. von Meißen mit Einverständnis der Witwe, seiner Halbschwester Jutta, die vormundschaftliche Regierung der Markgrafschaft Meißen übernommen und sich dabei im Streit mit dem Merseburger Bischof vorübergehend Kirchenbann und

Interdikt eingehandelt. Als dann am 3. Januar 1223 Jutta heimlich eine zweite Ehe mit Graf Poppo von Henneberg einging, und dieser am Dreikönigstag auf der Neuenburg erscheint, um Ludwig zu den bevorstehenden Festlichkeiten einzuladen, gibt es einen richtigen Familienkrach. Ludwig fühlt sich hintergangen und fällt sofort in Meißen ein. Er zwingt Jutta, ihm weiterhin die vormundschaftliche Regierung zu belassen, was für den guten Poppo natürlich eine fürchterliche Demütigung darstellte, die er dem Landgrafen auch nie vergaß.
Am 20. März 1224 bringt dann Elisabeth auf der Wartburg eine Tochter zur Welt, die sie auf den Namen Sophia taufen läßt. Aber schon ist Ludwig wieder im Begriff, einen neuen Coup zu landen. In einem überraschenden Schlag erobert er die Festung Lebus und entreißt sie den Polen, um so die Lausitz wieder fest an die Markgrafschaft Sachsen zurückzubinden.
Bisher war auch im landgräflichen Haushalt immer noch Agnes, die Schwester Ludwigs, die höchstens ein Jahr älter als Elisabeth war. Sie heiratet nun den ältesten Sohn Leopolds VI. von Österreich, der seinerseits alle Hebel in Bewegung setzt, um seine Tochter Margarete mit dem Königssohn Heinrich (VII.) zu verheiraten. Dank Thüringer Beziehungen zu Kaiser und Papst kommt auch diese Heirat zustande, und am 29. November 1225 wird in Nürnberg die Doppelhochzeit gefeiert. Vermutlich war da auch Elisabeth mit dabei. Genau wissen wir es ebenso wenig wie die von manchen Traditionen behauptete Teilnahme Elisabeths an einem Fürstentag in Würzburg im November 1226, an dem Ludwig teilnahm.

4. Mutter der Armen

Als Kind schon hatte Elisabeth gern etwas von dem weitergegeben, was sie selber bekommen hatte. Vermutlich war sie aber damals noch nicht den wirklich Armen begegnet. Jetzt aber, da sie ihre Wege nicht nur die Wartburg hinab nach Eisenach führen, sondern sie auf ihren Reisen zu den Nebenresidenzen Creuzburg und Neuenburg vielerlei Menschen und Schicksale kennenlernt, jetzt treten die wirklich Armen in ihr Leben.

Wer ist arm?

Die Armut begegnet in den verschiedensten Gestalten. Damals wie heute. Es ist nicht nur der Mangel an Nahrung, Kleidung und Wohnung, die den Menschen als arm erscheinen lassen, auch Krankheit, Verwundung oder Alter können den Menschen in den Stand der Armut versetzen, in dem er sich selbst nicht mehr helfen kann, sondern auf die Hilfe anderer angewiesen ist. Manchen fehlt es aber auch an Bildung oder Ansehen, an Einfluß oder Wissen, an Rechtsschutz oder an Sittlichkeit. Meist wirkt dies aber alles zusammen, und ein Faktor der Armut zieht andere an, und bald ist es ein ganzes Netz von Bedingungen, wo eines das andere ergibt. Der Bettler ist deshalb keineswegs der Inbegriff der Armen, sondern lediglich der Arme, der sich durch sein Betteln als Armer zu erkennen gibt. Arm sind aber genauso die elternlosen Kinder und die Einsamen, die Hungernden und die Gefangenen, die Kranken und die geistig Behinderten, die Tagelöhner und die Pilger, die

Straßendirnen und die Gescheiterten überhaupt. Gerade in einer ständisch so straff gegliederten Gesellschaft wie der mittelalterlichen mußte jeder arm werden, der sich in seinem Stand nicht halten konnte. Der Bauer, der durch einen Unglücksfall Haus und Hof verlor, war genauso arm wie der Kleriker, der durch einen Fehltritt sein Amt und seine Kirche verliert. Beide verfallen der gleichen Verachtung, die auch den armen Ritter trifft, der seinen Besitz verloren hat und nun bei seinen Verwandten herumschnorrt, oder den Kaufmann, der Räubern in die Hände fiel oder den oft sehr willkürlich richtenden Gerichtshöfen jenseits der Landesgrenzen. Ganz zu schweigen natürlich von den Aussätzigen, die grundsätzlich aus der Gesellschaft herausfielen, und von den Verbrechern, die ihre Zugehörigkeit zur Gemeinschaft mit den anderen Menschen verwirkt hatten. Für sie alle stellte sich das Phänomen Armut vor allem als eine Frage der Isolation, der mangelnden Zugehörigkeit zu einer Gruppe, die erst eigentlich vollwertiges Leben gewährte.

Die Wege der Not

Von diesen Armen gab es zur Zeit der heiligen Elisabeth besonders viele, was mit einer ganzen Reihe von Faktoren zusammenhängt, die es sich kurz klarzumachen gilt.

Da ist zunächst einmal die in ganz Europa zu beobachtende Vermehrung der Bevölkerungszahl, die von der Mitte des 11. bis zur Mitte des 14. Jahrhunderts dauert, wo dann ein drastischer Bevölkerungsrückgang einsetzt, der für die gesamte Situation des Spätmittelalters kennzeichnend ist. Folgeerscheinungen dieser rasch zunehmenden Bevölkerung in Europa des Hochmittelalters sind sowohl die Rodungstätigkeit als auch die nach außen gerichteten Siedlungsbewegungen, durch die neues Agrarland erschlossen werden sollten. Die sich rasch entwickelnden Städte werden dabei zu Umschlagplätzen von Menschen und Waren. Wer aus den übervölkerten Regionen des alten Siedellandes aufbricht, um nah oder fern gelegenes Neuland zu erreichen, ist auf die Märkte der Städte angewiesen, um sich auszurüsten und um sich der Verkehrswege zu bedienen, die alle städteverbindende Funktion haben. Aber nicht jeder findet in den neuen Rodungs- und Siedlungsgebieten den Lebensraum, den er suchte. Und für all diese gescheiterten Landsucher werden die Städte ebenfalls letzte Zufluchtsstätten, in denen sie Arbeit und Rechtsschutz zu finden hofften.

Vielleicht wären diese intensiven Strömungen gar nicht in Gang gekommen, wenn es damals schon Kartoffeln gegeben hätte. So aber gab es damals nur das Getreide als Grundlage der Ernährung von Mensch und zum Teil auch vom Vieh. Und wenn nach heutigen Forschungen davon ausgegangen werden muß, daß damals die Ertragsrate 1:3 war, daß also eine Einheit Saatkorn nur drei Einheiten Erntekorn erbrachte, kann man sich ausmalen, was passierte, wenn auch nur eine etwas schwächere Ernte dieses Verhältnis auf 1:2 drückte. Schon stand nur noch die Hälfte des für den Verzehr freien Kornes zur Verfügung. Bei einer noch einmal um einen Zähler schwächeren Ernte (1:1) war schon der Punkt erreicht, entweder ab sofort zu hungern oder mit dem

Verzehren des Saatgutes die Hungersnot im darauffolgenden Jahr vorzuprogrammieren.
Bei aller Verschiedenheit der Armut bildet sich vor diesem Hintergrund dann doch noch einmal eine sehr grundlegende Form der Armut heraus, die darin besteht, sich nicht satt essen zu können. Umgekehrt besteht Reichtum darin, dies zu können, also so viel Reserven an Getreide oder auch Geld zu haben, um die immer wieder eintretenden Mißernten und damit verbundenen Teuerungen ausgleichen und überstehen zu können. Nur wer nie oder selten hungern braucht, verfügt über die physische und psychische Kraft, um Krankheiten standzuhalten, Arbeit in Angriff zu nehmen, Unternehmen zu planen und Rückschläge verkraften zu können. Wer ständig unterernährt ist, wird rasch ein Opfer der Seuchen, verfällt in Resignation und Verzweiflung, wird haltlos und gerät in die verschiedensten Formen der Abhängigkeit.

Idioten

Es fällt nun auf, wie Elisabeth, die als Landesmutter sich immer unausweichlicher dieser kurz skizzierten Situation gegenübergestellt sah, in einer Weise zu helfen suchte, die von vielen als übertrieben, närrisch ja irgendwie geisteskrank empfunden wurde. Daß sie nicht von den Speisen essen wollte, die aus unrechtmäßig erpreßten Einkünften stammten, daß sie die Entsprechung von Stand und Kleidung mißachtete und einerseits in einfachem Wollzeug unter den einfachen Leuten mit der Prozession ging, andererseits in ihren fürstlichen

Gewändern einem armen Kranken die schmutzstarrenden Haare wusch, daß sie täglich gleich zweimal nach ihren Kranken und Armen sah, das war des Guten zuviel. Wahrscheinlich wurde sie dabei auch von ihrem Gemahl nicht wirklich verstanden. Dieser ließ sie wohl einfach aus einer Anerkennung ihrer religiösen Größe gewähren. Sicher aber haben alle andern mehr oder weniger an ihrem Verhalten gegenüber dem Phänomen Armut Anstoß genommen und dies auch bekundet. Die Dienerinnen wissen jedenfalls zu berichten: «Von den Großen des Landes hatte sie Spott und große Verachtung zu ertragen, so daß ihre Angehörigen sie weder sehen noch sprechen wollten; sie hielten sie für töricht und irr, weil sie die Reichtümer der Welt zurückwies, und verspotteten und verhöhnten sie auf vielfache Weise.»

Elisabeth hatte da auch kaum eine Chance, verstanden zu werden, denn jener Typ des religiösen Menschen, der sich in einer Art prophetischer Ver-rücktheit bewußt aus dem Vorstellungsbereich dessen herausstellt, was vom christlichen Ideal her sinnvoll und im Rahmen einer feudalen Lebensordnung annehmbar ist, war noch ganz jung. Jakob von Vitry († 1240) erwähnt als ersten Vertreter dieses neuen Typs von christlicher Vollkommenheit den Dorfpfarrer und Kreuzzugsprediger Fulko von Neuilly († 1202), der für die Hungernden Brot beschaffte, sich um die Prostituierten kümmerte und viele Spitäler gründete. Von ihm weiß er zu berichten, daß er «pauper et illiteratus, ydiota et valde simplex» war. An ihm fiel also auf, daß er arm und ungebildet, ein «Idiot» und völlig einfältig war. Das war neu und mußte zu einer Herausforderung gegenüber den wissensstolzen und lebensklugen Vertretern der gesellschaftlich bestimmenden Kreise werden. Wenn ein Menschenalter später Franz von Assisi sich als einen «Idioten» vorstellt: «ich bin unwissend und ein Idiot» und in seinem Testament von sich und seinen Brüdern sagt: «Wir waren Idioten und allen untertan», dann ist das zwar schon ganz in die Gegenwart der Landgräfin hineingerückt, hat sich aber noch lange nicht herumgesprochen. Der totale Verzicht auf ein geistiges Sichgeltendmachen und auf die Macht von Wissen und Einfluß ist erst in wenigen Brüdern und Schwestern des bettelarmen Jesus als eine Möglichkeit aufgeleuchtet, dem Herrn ganz ähnlich und so den Armen wirklich Bruder und Schwester zu werden.

Maßnahmen

Daß es der jungen Landgräfin weder an Intelligenz noch an Wirklichkeitssinn fehlte, daß sie also das, was ihre Umwelt als «idiotisch» ansah, weder aus Ungeschicklichkeit noch aus einer bigotten Engstirnigkeit heraus tat, sondern aus religiöser Ergriffenheit und mitmenschlicher Betroffenheit, läßt sich am besten aus den Maßnahmen ermessen, die sie zur Linderung der Not ergriff. Man muß sich die ersten Schritte auf diesem Weg möglichst schlicht vorstellen. Die junge Frau, die mit ihren Mägden auf den Markt von Eisenach geht, um dies und jenes einzukaufen, was nicht aus der Ökonomie direkt an die Hofhaltung geliefert wird. Sie sieht da einen Armen, der sich an den Ständen herumdrückt, dort eine Hausfrau, die das Notwendige nicht ganz bezahlen kann. Sie gibt dem einen etwas und lächelt ihm zu, sie zahlt die offene Rechnung und legt noch eine Münze dazu. Am Predigertor sitzen aber gewöhnlich ein paar Bettler, die auch nicht leer ausgehen sollen. Vielleicht hat es die junge Herrin der Hofhaltung mit der Zeit so gemacht, daß sie schon auf der Burg oben Lebensmittel in die Einkaufskörbe packen ließ, um sie schon auf dem Hinweg austeilen zu können. Auf dem Rückweg wußte sie dann, wo was noch fehlte. Auf halbem Weg zur Burg zurück waren immer auch Aussätzige zu sehen. Sie ging auf sie zu.

Als nächstes erfolgte die Gründung des Hospitals in Gotha 1223. Die Stiftung eines Hospitals lag noch ganz im Bereich der Vorstellungen der damaligen Zeit, nach welchen es eben auch dazu gehörte, daß die Landesherren etwas für die Kranken und Elenden tun. Konrad von Marburg, der schon 1221 Beichtvater des Landgrafen war, wird sein Beichtkind schon an diese Verpflichtung erinnert haben. Elisabeth aber hatte von Anfang an die Sorge für dieses Hospital übernommen.

1224 herrschte in Thüringen ein heißer und trockener Sommer, der die Grundlage darstellt für die folgenden Notjahre. «Ein starker Wind, wohl drei Tage lang, zerschlug das Korn so völlig, daß zwei Jahre lang teure Zeit war.» Den Menschen fehlt es am Notwendigsten, und es spricht für den praktischen Sinn der Landgräfin, daß sie nicht nur Almosen verteilt, sondern armen Bauern auch Arbeitsschuhe und Ackergerät schenkt, damit sie wieder ihrer Arbeit nachgehen und so sich selber helfen können. Ebenso macht sie armen Frauen, denen sie kostbare Stoffe schenkt, zur Auflage, mit diesen teuren Stoffen nun nicht sich selbst zu schmücken, sondern sie

zu verkaufen, um mit dem Erlös den dringendsten Bedürfnissen des Alltags abzuhelfen und so sich selber wieder versorgen zu können.
Ferner zahlt sie Armen und Kranken «heimlich ihre Schulden, wenn sie es nicht selber schaffen konnten». Auf diese Weise verhinderte sie, daß diese völlig verarmten und zu Bettlern wurden. Schon jetzt als Landgräfin arbeitet sie selbst wie eine Magd, näht und wäscht, so daß ihre Schwiegermutter entrüstet meint, sie sei «nicht zu den herrschenden Fürsten, sondern zu den dienenden Mägden» zu zählen.
Solcherweise in der Doppelhaltung von Protest und Diakonie schon gereift und zur Selbständigkeit und Unabhängigkeit ihres Urteils befähigt, wird sie in der Hungersnot von 1225/26 zur großen Hoffnung ihres Landes. Vom März bis August 1226 war Ludwig IV. unterwegs, um an dem nach Cremona angesagten Reichstag teilzunehmen. Vom 22. April bis 22. Juni weilte er in der Lombardei in der Nähe des mächtigen Kaisers Friedrich II., dessen Gunst er sehr geschickt auszunutzen verstand. Es gelang ihm, die gewünschte Bestätigung seines Nachfolgerechtes auf die Territorien von Meißen und der Lausitz zu erlangen sowie die Zusicherung von finanzieller Unterstützung für den preußischen Feldzug, der auch schon auf dem Programm stand. Schließlich wurde er vom Kaiser noch beauftragt, den Herzog von Bayern zu überreden, während der Abwesenheit des Kaisers die Regierungsgeschäfte für den jungen König Heinrich in Deutschland zu führen. Während dieser Zeit hatte Ludwig seine junge Gattin zur alleinigen Herrin über alle Güter und Einkünfte, zur Statthalterin über Thüringen eingesetzt.

In diesem Jahr erreicht die Hungersnot ihren Höhepunkt, denn zu dem schon vorhandenen Mangel an Getreide kamen Überschwemmungen und in deren Gefolge Krankheiten, Seuchen und Pest. Jetzt entfaltet die jugendliche Landgräfin eine Umsicht und Tatkraft, die ihr wohl niemand zugetraut hat. Am Fuß der Wartburg läßt sie ein altes Gebäude zu einem Hospital umbauen mit 28 Betten, von denen keines jemals leer stand. Oben auf der Burg werden unter ihrer Aufsicht Brote gebacken, mit denen sie täglich 900 Hungernde speist. Auch bei der Austeilung dieser kostbaren Brote ist sie persönlich dabei und trägt dafür Sorge, daß alles seine Ordnung hat. Ohne Rücksicht auf die Bedenken und auf das Murren der Verwandten und der Hofbeamten erläßt sie für alle vier Fürstentümer (Landgrafschaft Thüringen, Pfalzgrafschaft Sachsen, Markgrafschaft Meißen, Herrschaft Schmalkalden) ihres Mannes die Anordnung, die Vorratsspeicher dem hungernden Volk zu öffnen. Sie verkauft ihren persönlichen Schmuck, ihre kostbaren Kleider, um mit dem Erlös für die Notleidenden sorgen zu können. Als offizielle Vertreterin des regierenden Landgrafen kann sie niemand daran hindern, und sie selbst zögert keinen Augenblick, alles nur Erdenkliche zu tun, um der Not ringsum im Land Herr zu werden.
Als Ludwig im Hochsommer zurückkehrt, ist die Schlacht geschlagen, die Speicher sind leer, aber das Volk hat neue Hoffnung geschöpft. Die Finanzbeamten des Hofes verklagen die Landgräfin bei ihrem Gemahl wegen ihrer bedingungslosen Sorge für die Armen. Aber er meint nur:

«Laßt sie doch Gutes tun, laßt sie doch alles, was sie will, Gott geben, wenn mir nur meine beiden Schlösser, die Wartburg und die Neuenburg, erhalten bleiben. Ich weiß aus der Heiligen Schrift, daß Gott, dem Herrn, drei Dinge besonders angenehm sind und dem Wohl der Menschen dienen: Eintracht der Brüder; Liebe und Treue unter den Mitchristen; ein Mann und Weib, die wahrhaft eins sind.»

Im Ton und in der Erbauungsabsicht wohl mehr das Wort des klösterlichen Chronisten als des erfolgreichen Politikers Ludwig!

Keine Rosen?

Es ist verständlich, daß sich die Legende gerade dieses Zeitabschnitts im Leben der Heiligen bemächtigt hat. Nach nichts sehnt sich der Mensch ja mehr als nach dieser Erfahrung mütterlicher Liebe, verbunden mit dem hellen Schein der Jugend und des Gelingens. Umgeben von der rauhen und oft genug grausamen Wirklichkeit, träumt sich der Mensch gern in ein goldenes Zeitalter hinein, in dem die Liebe blüht und lächelnd den Weg findet zu aller Not. Diese Liebe muß zart sein und doch unwiderstehlich, duftend und geheimnioovoll wie eine Rose. Die Legende konnte schon in der Verherrlichung des Franz von Assisi und seiner Liebe zu Klara nicht auf das Symbol der Rose verzichten, und sie hat es auch unauflöslich mit der Gestalt der jugendlichen Landgräfin verbunden. Sie hat dazu allerdings lange gebraucht, denn die alten Quellen, von denen keine dem Legendenton abhold ist, wissen von dem sogenannten Rosenwunder nichts zu berichten. Erst im 15.

Jahrhundert schlingt sich diese Ranke um die Gestalt der Patronin der Nächstenliebe, dann aber so heftig, daß es schon ein wenig verdächtig ist. Sollen vielleicht die Rosen, in die sich angeblich die Brote verwandelt haben, welche die Landgräfin den Armen bringen wollte, poetische Entlastung schaffen angesichts des schweren Drucks, der sich auf die bürgerliche Seele legt beim Anblick so viel heroischer Hingabe? Kraft des schier unerschöpflichen Symbolreichtums der Rose ist es aber zu verstehen, daß sie auch in der Schürze der heiligen Landgräfin durch nichts anderes zu ersetzen ist. Spricht die Rose doch in gleicher Weise von Anmut und Schönheit wie von Liebe und Passion, von mystischer Wiedergeburt und von tiefer Verschwiegenheit. Und all dies liegt ja wirklich in diesem unentwegten Helfen der königlichen Frau, die gar nicht anders kann, als etwas weiterzureichen von dem, was ihr täglich zuteil wird an göttlicher Liebe. Auf welch gewundenen Wegen dieses Ursymbol auch immer in den Legendenkranz um Elisabeth gelangte, ein Gesetz wird dabei erfüllt und ein Recht eingelöst, dem niemand widersprechen kann.
Die zentrale Legende aber aus dieser Zeit, die auf kurzem und direktem Weg ihrer Deutungsaufgabe nachkommt, stammt von der Neuenburg. Dort hätten der Landgraf und seine Gattin sowie die Landgrafenmutter Sophie eine Zeitlang geweilt. Eines Tages wird dem Landgrafen zugetragen, Elisabeth habe in seiner Abwesenheit einen Aussätzigen in sein Bett gelegt, um ihn dort pflegen zu können. Als der entrüstete Hausherr in das Schlafgemach stürmt und die Decke aufhebt, sieht er dort statt des Kranken ein Kruzifix liegen, so daß er nur noch sagen kann:

«Elisabeth, min liebe swester, sulche geste sotn vil dicke in min bette legin: daz ist mir wol zu danke»

In dieser Legende ist die bezwingende Kraft beschlossen, die das zugleich tatkräftige und menschlich warme Helfen der Heiligen erklärt. Es ist eine Christusliebe, die keinen Augenblick an dem Verheißungswort zweifelt: «Was ihr einem der geringsten meiner Brüder getan habt, das habt ihr mir getan.» (Mt 25,40) Deshalb ereignet sich für sie der Herr stets von neuem in der Begegnung mit Notleidenden und Kranken. Es kommt nicht die Müdigkeit und Beiläufigkeit in ihr Bemühen, die dort sich ausbreiten, wo aus rein humaner Verantwortung geholfen und dem Elend Widerstand entgegengesetzt wird. Nein, hier geht es nicht um diese leidige und letztlich vergebliche Erfüllung einer Pflicht, sondern um das Abenteuer der Liebe Gottes zum Menschen, die in Jesus Christus Gestalt annahm, um immer wieder neu zum Ereignis zu werden, wo Menschen sich in ihre Bewegungsrichtung einreihen. Und diese verläuft von oben nach unten.

5. *In der Schule Gottes*

Wenn wir auch gesehen haben, daß Elisabeth von frühester Jugend an religiös gestimmt war und nirgendwo so etwas wie ein Bekehrungserlebnis feststellbar ist, so wäre es doch ganz falsch, ihr Heranreifen zur großen Heiligen außerhalb des Kraftfeldes von Einflüssen und Strömungen zu betrachten, die tatsächlich ihr Leben erfaßten und prägten. Mag solche Beeinflussung in den Kinderjahren ganz unbewußt geschehen sein, so war sie doch immer schon anwesend und bildete die Atmosphäre, in der sie heranwuchs und Dinge und Menschen zu schauen und zu werten lernte. Vielleicht hat sie alles schon getan, was uns manchmal an ihr geradezu schockiert, bevor sie anfing zu fragen, ob das alles auch richtig ist. Fasten, Kasteiungen, Nachtwachen, das Tragen eines Bußhemdes, all das sind Formen der Buße, die sie nicht selbst entdeckt oder entwickelt hatte, sondern die bereitstanden und hineingebunden waren in heilige Zeiten und bestimmte Vorstellungen von Lohn und Strafe, von ausgleichender Sühne und geheimnisvoller Gleichgestalt mit dem leidenden Erlöser. Nun aber ist sie eine junge Frau, die sich mit sich selbst und mit ihrer Umwelt auseinandersetzt und Ausschau hält nach klarer Orientierung und Weisung. Woher wird ihr diese zuteil?

Die Macht der Einfalt

Als Jüngerin des Herrn ist Elisabeth weder eine freischaffende Künstlerin in Sachen Existenzgestaltung noch auch Systemerfüllerin in der Weise des vollkommen angepaßten Mitläufers. Sie kann sich weder eine eigene Religion zurechtschneidern, wie das die zeitgenössischen Sektierer hoch erhobenen Hauptes tun, noch kann sie sich einfach irgendeiner kirchlichen Mode anhängen. Zu tief getroffen ist sie von dem Ruf zur Jesusnachfolge und zum prophetischen Zeugnis. Sie ist nicht der Typ, der sich schnell wechselnden Interessen ausliefert. In den sechs Jahren ihrer Ehe hat sie weder

Zeit noch Lust, sich mit den üblichen Nichtigkeiten Kopf und Herz verwirren zu lassen. Eine große Einfachheit bestimmt das Wesen der jungen Frau, eine Einfalt, die wohl immer schon zum Grundbestand schöpferischer und gestaltungsmächtiger Menschen gehört hat und als ein fernes Echo auf die absolute Einfachheit Gottes begriffen sein will. Was dem quicken Stehaufmännchen, dem es nur darauf ankommt, seinen Vorteil wahrzunehmen, wie Torheit und geistige Unbeholfenheit erscheint, ist in Wirklichkeit die Macht der unverratenen Hingabe an das Ein und Alles, aus dem der ein-fache und ein-fältige Mensch lebt. Das Vielerlei und die bunte Mannigfaltigkeit des Lebens wird nicht zum Irrgarten, sondern zum Kaleidoskop, das stets neue, aber stets auf eine Grundgestalt hingeordnete Bilder entwirft. Und diese Grundgestalt ist im Leben dieser jungen und einfachen Frau Gott selbst. Den Zugang zu ihm und seiner meerhaften Fülle gilt es freizuhalten, alles andere ergibt sich dann von selbst und kann eigentlich nicht vorgeplant werden. Es wird gerade den stets neu überraschen und Überwältigen, der sich mit dem Unendlichen selbst eingelassen hat. Deshalb Elisabeths Sorge um eine verläßliche Führung auf dem Weg ins Absolute.

Der Wind weht vom Süden her

Aus einer Position religiöser Kraft begegnete die Landgräfin also den vielen Strömungen einer geistigen Umbruchzeit, welche die damaligen Menschen «mit Staunen und zum Teil mit Entsetzen erfüllte» (M.

Maresch). Was da an Prophezeiungen vom nahen Weltende ergeht und vom Ausbruch des «Dritten Reiches», mit welcher Zeit die Herrschaft des Heiligen Geistes gemeint war, die nun nach der Herrschaft des Vaters (AT) und des Sohnes (NT) nahe sei; was an Schwarmgeistern und falschen Propheten die Christenheit durchzieht, all das findet in Elisabeth kein erkennbares Echo. Als aber die ersten Franziskaner nach Deutschland kommen, dauert es gar nicht lange, und eine tiefgehende Beziehung zum Lebensprogramm dieser Minderbrüder prägt bestätigend und ermutigend das religiöse Streben der Landgräfin. Dasselbe Verlangen nach Armut und Brüderlichkeit, dieselbe Ergriffenheit angesichts einer «Liebe, die nicht geliebt» (Franz von Assisi) wird, hat ja bisher schon ihr Leben bestimmt, und als nun von Süden her die ersten Minderbrüder auftauchen, muß es für Elisabeth wie ein Rückenwind gewesen sein, der sie vorantrieb auf ihrer Bahn.
Als 1221 zum zweiten Mal Minderbrüder über die Alpen geschickt wurden, soll Franziskus durch Bruder Elias folgende Worte an die versammelten Brüder gerichtet haben:

«Es gibt ein Land, das man Deutschland nennt, wo fromme Christen leben, die oft nach Italien kommen, um die Gräber der Heiligen zu besuchen; trotz der heißen Sonne tragen sie Kerzen bei sich und singen Lieder zum Lob Gottes. Weil unsere Brüder, die das letztemal dorthin zogen, Mißhandlungen ertragen mußten, zwingt Franziskus niemanden, in diese nördlich gelegenen Länder zurückzukehren. Denjenigen jedoch, die es trotzdem wagen wollen, versichere er, daß sie sich auf eine besondere Weise verdient machten, genauso wie diejenigen unter ihnen, die den Mut hätten, über das Meer zu fahren. Wenn es also einen unter euch gibt, der nach Deutschland gehen möchte, der stelle sich hier auf diese Seite.» (Giordano da Giano).

Es fehlte also nicht an einer Strategie und auch nicht an verständlichen Bedenken, wie diesen grausamen Deutschen die Botschaft des Evangeliums auf franziskanisch zu bringen sei.
Aber dann ging alles doch viel besser als befürchtet, wie uns Frater Giordano in seiner köstlichen Chronik gesteht. Vielleicht lag dies nicht zuletzt an Cäsar von Speyer, der diesmal mit seinen italienischen Mitbrüdern den Weg über die Alpen antrat und als gebürtiger Deutscher dafür Sorge trug, daß nicht dauernd sprachliche Mißverständnisse entstanden. In Würzburg konnte dieser ausgezeichnete Prediger einen neuen Bruder in den Orden aufnehmen, den die Italiener Andrea nannten, weil sie seinen richtigen Namen nicht aussprechen konnten und er sich ihnen am Festtag dieses Apostels angeschlossen hatte. In seiner Begleitung fand sich ein Laienbruder namens Rüdiger. Dieser Bruder Rüdiger scheint der erste Franziskaner gewesen zu sein, der auf die Wartburg kam. 1223 gründen die Franziskaner unter Mitwirkung Elisabeths zu Halberstadt eine Niederlassung, in der Bruder Rüdiger zum ersten Guardian bestimmt wird, und von ihm bemerkt Giordano da Giano: «Er wurde auch der geistliche Lehrmeister der seligen Elisabeth, indem er sie darin unterwies, Keuschheit, Demut und Geduld zu üben, im Gebet zu verharren und Werke der Barmherzigkeit zu vollbringen.»
Wir dürfen uns den Einfluß, den Bruder Rüdiger auf Elisabeth ausübte, genausowenig grundlegend vorstellen, wie den Einfluß der franziskanischen Bewegung auf

die Frömmigkeit der Landgräfin überhaupt. Es handelt sich vielmehr um eine Vertiefung dessen, was in der jungen Frau schon längst lebendig war an Jesusliebe im Geist der Kreuzzugszeit, in deren Rahmen ja auch die franziskanische Christusnachfolge zu sehen ist. Träger der bernhardinischen (Bernhard von Clairvaux † 1153) Reformfrömmigkeit mit stark mystischen Zügen sind die beiden Reformorden der Cisterzienser und der Prämonstratenser. Sie stellen zwar ordensgeschichtlich keine Vorläufer der Bettelorden des 13. Jahrhunderts dar, haben aber das Abendland empfänglich gemacht für jene Form des evangelischen Lebens, wie sie Franz von Assisi († 1226) dann in unüberbietbarer Weise verwirklicht. Im Sinn einer organischen Weiterentwicklung haben sich diese Einflüsse im Leben der Landgräfin ausgewirkt, und es wäre einigermaßen müßig, die Anteile der einzelnen Strömungen gegeneinander aufrechnen zu wollen. Dennoch kann es keine Frage sein, daß es für Elisabeth viel bedeutete, nunmehr regelmäßig von einem Lebensideal zu hören und es in den Minderbrüdern aus Italien vor sich zu haben, das so sehr dem innersten Anspruch ihrer eigenen Sendung entsprach. Bruder Rüdiger brauchte deshalb nur zu erzählen, wer dieser Francesco Bernadone war, was er tat und sagte, wie er alle Menschen liebte, seien sie gut oder bös, Christen oder Muslime, Männer oder Frauen, ja, wie er auch alle anderen Geschöpfe seine Brüder und Schwestern nannte um des einen Vaters willen, der im Himmel ist. Und wie er sich immer freute und seinem Herrn in allem gleichförmig sein wollte. Das verstand Elisabeth alles sofort, folgte doch auch sie schon von Kindesbeinen an den Fußspuren des Herrn.

Es mag deshalb wirklich nur eine Legende sein, daß der Heilige von Assisi, als er von seiner geistlichen Schwester in Thüringen Kunde bekam, ihr seinen Mantel habe überbringen lassen. Die Wahrheit dieser Legende ist davon unabhängig, ob sie einer historischen Begebenheit entspricht oder nicht. Entscheidend ist die Übereinstimmung von innerer Wirklichkeit und legendärer Erzählung. Tatsache aber ist, daß zwischen diesen beiden Menschen in Umbrien und Thüringen eine so tiefe Verwandtschaft des Wollens und Strebens, der Erleuchtung und der Sendung besteht, daß es einfach konsequent ist, beide als Repräsentanten der einen und nämlichen Berufung zu sehen, die damals an die Kirche erging und die bis heute nichts an ihrer Aktualität verloren hat. Wie Elija seinen Mantel auf die Schultern seines Schülers Elischa warf (vgl 1 Kön 19,19) und ihn so in seine Nachfolge berief, so kommt auch in dieser Legende etwas von dem tiefen Einvernehmen zum Ausdruck, in dem sich diese beiden hervorragenden Christen ihrer Zeit verbunden wissen.
1225 kamen die Minderbrüder auch nach Eisenach und gründeten hier, von Elisabeth unterstützt, eine Niederlassung. Ob Bruder Rüdiger zu diesen Brüdern gehörte, wissen wir nicht. Als Laienbruder konnte er gegenüber Elisabeth weder das Amt des Beichtvaters übernehmen noch sie sonst in einer kirchenrechtlich zulässigen Weise an sich binden. Es darf deshalb nicht erstaunen, daß im Frühjahr 1226 ein anderer die Leitung des geistlichen Lebens der Landgräfin übernimmt: Konrad von Marburg.

Der Zuchtmeister

Wer war dieser Konrad von Marburg, der in seiner unerbittlichen Strenge, mit der er auch als Kreuzzugsprediger und Ketzerverfolger auftrat, die letzten 5 1/2 Jahre des Lebens der hl. Elisabeth bestimmte, wie kein anderer? Wie ist es überhaupt zu erklären, daß die liebenswürdigste Frauengestalt des Mittelalters in eine solche Abhängigkeit geraten konnte zu einer Persönlichkeit, die zu den finstersten in dieser Epoche gezählt werden muß? Aus der Zeit vor seiner Begegnung mit Elisabeth wissen wir von diesem Mann nur, daß er in Marburg geboren ist, daß er den akademischen Grad eines «Magisters» besaß und daß er «Prediger» war. Ob er Weltgeistlicher oder Prämonstratensermönch war, ist heute umstritten. Sicher ist, daß er mit dem Prämonstratenserstift Arnstein eng verbunden war. Jedenfalls gehörte er zu der kleinen Gruppe von Kreuzzugspredigern, die Papst Innozenz III. seit 1213 einsetzte, um mit ihrer Hilfe neue Kräfte für die Rückeroberung des Heiligen Landes zu wecken. Diesem Kreis von gut geschulten Geistlichen gehörte Konrad seit 1215 an. Im Umgang mit hochgestellten Persönlichkeiten und in der Beeinflussung großer Menschenmassen muß er sich bewährt haben, denn 1227 wird er in einem päpstlichen Aufruf an hervorragender Stelle genannt. Erst im Oktober 1231 aber wird er durch denselben Papst Gregor IX. zum ersten Inquisitor von Deutschland ernannt, was eine praktisch uneingeschränkte Gerichtsbarkeit in Glaubenssachen bedeutete. Sein Schreckensregiment dauerte freilich nicht einmal zwei Jahre. Am 30. Juli 1233 wurde er in der Nähe von Marburg erschlagen.

Es gehörte zum Amt der Kreuzzugsprediger, die Adeligen zu besuchen und sie für den geplanten Kreuzzug zu gewinnen. Als Landgraf Ludwig IV. im Frühsommer 1224 das Kreuz nahm und sich damit verpflichtete, am Kreuzzug teilzunehmen, war dies sicher nicht ohne Einfluß Konrads von Marburg geschehen. Spätestens mit diesem Jahr sind die ersten Begegnungen des aus dem landgräflichen Marburg stammenden Konrad mit dem Landgrafen und seiner Familie zu datieren. Es ist auch bekannt, daß die Kreuzzugsprediger nicht nur zum Aufbruch ins Heilige Land aufriefen, sondern daß sie auch in gleicher Weise bestrebt waren, die «Heimatfront» zu stärken, also den Geist des Glaubens und der Buße neu zu entfachen. Und gerade in dieser Hinsicht war Konrad ein Mann, der nicht nur andere zur Erneuerung des Lebens aufrief, sondern selbst in unerbittlicher Strenge den Weg der Armut und der zumindest äußeren Selbstverleugnung ging. Das entsprach aber auch weitgehend dem Ideal der Landgräfin, die einmal zu ihren Dienerinnen gesagt haben soll: «Leichter hätte ich einem der reich begüterten Bischöfe oder Äbte Gehorsam leisten können, doch ich dachte, besser daran zu tun, dieses Gelübde dem Magister Konrad abzulegen, der nichts besitzt und selber bettelarm ist. So konnte ich mich in diesem Leben auf keinerlei äußeren Beistand stützen.» Wenn sich diese Bemerkung auch erst auf ihre Situation nach dem Tod Ludwigs bezieht, so gibt sie doch schon das Motiv an, das sie im Frühjahr 1226 dazu bestimmte, Konrad zu ihrem Beichtvater zu wählen und in seine Hände ein zweifaches Gelübde abzulegen. Sie gelobte ihm im Beisein des Landgrafen Gehorsam, soweit er dessen Rechte nicht berührte, und

für den Fall, daß sie ihren Gemahl überleben sollte, ewige Keuschheit. Dies geschah in der Katharinenkirche von Eisenach, und die Hofdamen waren Zeugen dieser Verpflichtung, wahrscheinlich auch Schwiegermutter Sophie, denn sie lebte ja als Witwe im Katharinenkloster. Elisabeth selbst war es also, die diese enge Bindung an Konrad suchte, dessen rigorose Strenge ihr kaum hatte verborgen sein können. Wahrscheinlich schien ihr damit aber gerade der Wunsch nach geistiger Armut, die auch Franz von Assisi ausdrücklich im Verzicht auf den eigenen Willen fordert, besonders gut gewährleistet zu sein. Es war ja nun nicht nur das Recht, sondern auch die Pflicht ihres Beichtvaters, sie radikal herauszuführen aus allen Formen der Selbstherrlichkeit. Und dieses Recht nahm Konrad wahr, und diese Pflicht erfüllte er mit fanatischer Erbarmungslosigkeit.
Als erstes verlangte er von Elisabeth, daß sie nichts essen und trinken dürfe, wenn sie nicht ganz genau wüßte, daß die Speisen und Getränke, die aufgetragen werden, aus rechtmäßigem Besitz stammen. Ein schier unmöglich zu erfüllendes Gebot in einer Hofhaltung von der Art der Wartburg. Aber Caesarius von Heisterbach berichtet in seiner Chronik:

«Nie berührte sie etwas, was vielleicht von unrechten Steuern und Fronabgaben herrühren konnte, nicht einmal wenn sie mit ihrem Gemahl bei Tische saß. Sie aß nichts, was nicht von rechten Abgaben an das landgräfliche Haus kam. Und wenn nun etwas aufgetragen wurde, worüber sie Zweifel hatte, gab sie nur vor zu essen, um Ludwig vor den anderen Rittern und Geistlichen nicht bloß zu stellen: dann zerkrümelte sie das Brot oder tat die anderen Gerichte hierhin und dorthin, so daß nicht offenbar wurde, daß sie selbst nicht aß, während die anderen tafelten.»

Bei diesem Speiseverbot ging es nicht in erster Linie um die Abtötung Elisabeths, sondern vor allem um ein prophetisches Strafgericht über das Unrechtssystem der damaligen Zeit, das hart und selbstverständlich das Prassen der Mächtigen neben das Darben der Armen setzte und so auf engstem Raum das praktizierte, was sich heute im Gegensatz von übersättigten Industriestaaten und hungernden Entwicklungsländern wiederholt. Schwerer aber als jedem «Aussteiger» mußte es der Fürstin fallen, diesen Protest in der tagtäglichen Auseinandersetzung mit der höfischen Umwelt zur Geltung zu bringen, war von ihr doch nicht weniger verlangt, als dauernd die Grundlagen ihres fürstlichen Daseins selbst in Frage zu stellen.
Darüber hinaus verlangte Konrad von ihr auch eine durchgängige Zurückstellung ihrer Pflichten als Landgräfin hinter die von ihm geforderten Leistungen. So sollte sie jede seiner Predigten anhören. Als eines Tages die Markgräfin von Meißen zu Besuch kam, glaubte Elisabeth, sich nicht diesem Besuch entziehen zu dürfen, um der Predigt des gestrengen Magisters zu lauschen. Sofort ließ ihr Konrad mitteilen, daß er sich wegen dieses Ungehorsams nicht mehr weiter ihrer annehmen wolle. Und nur durch inständige Bitten und schwerste Bußübungen gelang es Elisabeth, ihn wieder umzustimmen. Obwohl die Landgräfin auch früher schon all die Übungen mittelalterlicher Askese kannte, erfahren sie jetzt eine Steigerung bis zur Unmenschlichkeit. Es ist freilich auch nicht zu verkennen, wie ihre enge Bindung an den hochangesehenen und einflußreichen Magister ihr auch den nötigen Rückhalt verschaffte, um in dieser extremen und für ihre Umwelt anstößigen

Weise ihre religiösen Ideale zu verwirklichen. Konrad war ja auch der Beichtvater des Landgrafen und sicherlich nicht ganz unbeteiligt an der Tatsache, daß dieser energische Mann seine junge Frau gewähren ließ und ihr so viel Verständnis entgegenbrachte.

Blick zurück nicht nur im Zorn

Es mag dem Bild vom großen religiösen Menschen widersprechen, daß sich der Hochbegabte des armseligen Eiferers bedient, um Gottes Willen zu vernehmen. Vom sakramentalen System der katholischen Kirche her aber ergeben sich Deutungsmöglichkeiten unseres Daseins, die weit über das hinausreichen, was Menschenwitz als sinnvoll und gut ansehen mag. Zu diesem sakramentalen System gehört nämlich das feste Vertrauen und das bewußte Eingehen auf das Geheimnis der communio sanctorum (Gemeinschaft der Heiligen), in der die sancti (heilige Menschen) nicht einfach die subjektiv Heiligen und die sancta (heilige Dinge) nicht nur die Sakramente sind. Vielmehr weiß sich der katholische Christ in eine Welt hineingestellt, in der es eine Berufung, ja eine Verpflichtung zur Heiligkeit gibt, die auch dort nicht verlöscht, wo fragwürdige oder auch direkt unwürdige Menschen Träger dieser Berufung sind. Und vieles ist da, das in sich zerstörerisch und negativ erscheint, fürchterlich wie Tod und Kreuz, und doch ist es Urgrund des Lebens. Nicht das, was aus sich heraus Anspruch auf Autorität und Verehrung erheben kann, ist alleiniges Transparent Gottes, sondern oft genug und letztlich auch notwendigerweise schimmert das Geheimnis Gottes durch die dunkle Folie von Schwachheit und Enge. Ganz gewiß war der spätere Inquisitor von Deutschland in seinem finsteren Fanatismus für Elisabeth nicht nur Hilfe, sondern auch Last und unaufhörliche Prüfung. Bis zu ihrer Todesstunde war dieser religiöse Tyrann für sie so etwas wie der Satansengel, von dem der hl. Paulus sagt, daß er ihm gegeben wurde, um ihn mit Fäusten zu schlagen (2 Kor 12,7). Auch darin ist Gott die Sieben, daß er jegliche Kreatur zu seinem Dienst berufen kann. Wir verstehen diese Unbegrenztheit Gottes wohl ebensowenig wie die Kasteiungen, denen sich die vornehme Frau unterwarf. Ein Zug ins Ekstatische liegt in beiden, und eine Wunde wird spürbar, an der alles leidet, Gott selbst nicht ausgenommen. Denn er ist die Liebe. Zugleich aber beschleicht uns die Frage, ob in unserem modernen Christentum nicht manches zu glatt geworden ist, zu redselig und zu behende im Umgang mit dem Kreuz des Herrn.

6. Blitz aus dem Wolkendunkel

Nach seiner Rückkehr aus Italien im August 1226 konnte der Landgraf noch ein paar Monate seiner Frau und seinen beiden kleinen Kindern Hermann und Sophia nahe sein. Es gab ja viel zu erzählen nach dieser langen Zeit der Abwesenheit. Während er von den hinterhältigen Anschlägen der Lombarden erzählt, denen er zu entkommen wußte, vom Glanz der Hofhaltung des Kaisers in Italien und von der Gunst, die er von ihm erfuhr, hütet er sich wohlweislich, von den

Pflichten zu sprechen, die er sich bei all dem eingehandelt hatte: zuerst der Kreuzzug ins Heilige Land, dann der Feldzug nach Preußen, der mehr oder weniger ein Raubzug werden sollte. Und auch Elisabeth muß sich all das von der Seele reden, was sie als Regentin und als Mutter erfahren hat in dieser Zeit. Wir haben ja schon gehört, mit welch erstaunlicher Großmütigkeit ihr Gatte sie wegen ihrer Freigebigkeit in Schutz genommen hat. Indes gibt es nach dieser langen Abwesenheit auch eine Menge zu regeln. Da hat doch der Herr von Salza den Mönchen von Reinhardsbrunn eine Burg auf ihr Gelände gesetzt, und diese führen nun bei ihrem Landesherrn Klage gegen eine solche Unverschämtheit. Das werden wir gleich haben! An einem Samstagabend verläßt der Landgraf mit ein paar wenigen Leuten die Wartburg, hat sich aber mit größeren Verbänden für Sonntag früh in Altenberg verabredet, wo er sich mit ihnen vereinigt und mit Leichtigkeit die Burg einnimmt. Der Herr von Salza wird gefangengenommen und nach Reinhardsbrunn gebracht, wo er gefesselt vor den Mönchen gehen muß, die in Prozession durch ihr Kloster ziehen und Gott preisen, der die Stolzen demütigt. Auch sonst gibt es noch da und dort Rechtsstreitigkeiten, Händel beizulegen und nach dem Rechten zu sehen. Zwischen dem König Ottokar von Böhmen und dem Herzog Leopold von Österreich gilt es zu vermitteln, die sich wegen einer gescheiterten Heirat in den Haaren liegen.
Das Passionsspiel, das der Landgraf aufführen ließ, ist wohl auch in die Fastenzeit des Jahres 1227 zu datieren und schon ganz im Blick auf den nahen Sommer zu verstehen. Solche Spiele wurden ursprünglich als Dramatisierung der Passionsgeschichte in den Kirchen auf-

geführt. Weil aber immer mehr Zusätze und volkstümliche Einlagen den heiligen Text überwucherten, ging man dann über, ihre Aufführung ins Freie zu verlegen. In diesem Fall wohl auf den Marktplatz in Eisenach.

Die Entdeckung

Seit 1215 war der Kaiser im Wort mit der Durchführung eines Kreuzzugs zur Befreiung des Heiligen Landes. Bei seiner Krönung hatte damals Friedrich II. Papst Innozenz III. diesen Kreuzzug gelobt. Auf dem 4. Laterankonzil ließ der Papst noch im gleichen Jahr die Pläne für dieses Unternehmen ausarbeiten. Das Konzil setzte den 1. Juni 1217 als Termin für den Beginn eines großen Kreuzzuges fest, als Treffpunkt Sizilien. Wer nicht zu diesem 5. Kreuzzug erschien, war Kaiser Friedrich II. Das Vorhaben wurde zu einem Fiasko, und die deutschen Truppen kehrten enttäuscht und entkräftet in ihre Heimat zurück. Ab 1220 verstärkt der neue Papst Honorius III. seinen Druck auf den Kaiser und die Einlösung seines Vesprechens. Eine neue und großangelegte Werbekampagne läuft an, bei welcher für den Bereich der deutschen Lande Bischof Konrad von Hildesheim und der Deutschordensmeister Hermann von Salza die Schlüsselfiguren sind. Beide sind ihrerseits wieder sehr eng mit dem thüringischen Landgrafen verbunden.
Auf dem Hoftag in Frankfurt im Mai 1224 kann deshalb Ludwig IV. gar nicht anders als Ja sagen, als ihm Hermann von Salza im Auftrag des Kaisers 5000 Mark, freie Überfahrt und Verpflegung für den Fall seiner Teil-

nahme am Kreuzzug in Aussicht stellt. Zusammen mit zehn anderen Fürsten, mit vielen Rittern und Männern aus dem Volk nimmt er deshalb das Kreuz entgegen, das ihn zur Teilnahme am 6. Kreuzzug verpflichtet. Nach mancherlei Verhandlungen zwischen Papst und Kaiser ist es dann endlich so weit, und im Januar 1227 bekommt Ludwig ein Schreiben vom Papst, er solle sich im August dieses Jahres in Italien einfinden.
Das alles war dem verliebten Spiel vorangegangen, in dem die Landgräfin Elisabeth eines Tages ihrem Gemahl in der Wamstasche herumkramt und plötzlich das Kreuz in den Händen hat, das Ludwig dort verborgen hielt, um seine Gattin nicht zu früh mit der längst beschlossenen Tatsache zu konfrontieren. Wie sie nun dieses Kreuz in Händen hält, erschrickt sie zu Tod und sinkt ohnmächtig zu Boden. Nun ist es Ludwig, der sie aufhebt, an die Hingabe an den Willen Gottes mahnt und ihr gut zuredet:

«der suze furste hub sie uff
unde troste si widder mit suzen wortin
unde mit vormonunge der heiligin gotlichin schrift
unde benam ir daz betrubnisse und di erschrekunge.»

Nichts wäre irreführender als zu denken, Elisabeth hätte verhindern können oder auch nur wollen, daß ihr Mann diese gefahrvolle Fahrt antrete. Nicht weniger als Ludwig selbst war auch sie davon überzeugt, daß es für einen christlichen Ritter nichts Größeres geben kann, als sein Leben einzusetzen zum Wohl der Christenheit und damit auch für die Ehre Gottes. Wo anders denn wäre es sonst noch möglich, die so weit auseinanderliegenden Ideale des Ritters der Stauferzeit zu vereinen und gleich alles auf einmal zu gewinnen: Ehre, Reichtum und die Gnade Gottes? Dafür sind beide zu sehr Kinder ihrer Zeit, als daß sie in neuzeitlichem oder modernem Sinn die Kreuzzüge als eine Fehlentwicklung hätten erkennen können. Aber der Schmerz der jungen Frau, die mit ihrem dritten Kind schwanger geht, ist riesengroß.

Der Landgraf bestellt sein Haus

Die verbleibende Zeit nutzt Ludwig, um sein Land und dessen Regierung für die Zeit seiner Kreuzfahrt wohl zu bestellen. Seinen Bruder Heinrich Raspe beauftragt er, die Regentschaft für seinen Sohn und Erben Hermann zu übernehmen. Konrad von Marburg erhält für die Zeit seiner Abwesenheit das Patronatsrecht für alle Pfarreien des Landes. Und Elisabeth wird wiederum die Regentschaft für die Zeit seiner Abwesenheit übertragen, wie aus der 1227 geprägten Regentschaftsmünze hervorgeht, die Ludwig mit Kreuz und Schwert sowie Elisabeth mit Zepter und Reichsapfel zeigt. Das noch ungeborene Kind Elisabeths weihen die Eltern Gott und bestimmen, daß es in das Prämonstratenserkloster von Rommersdorf gebracht werde, falls es ein Junge würde, und zu den Nonnen des gleichen Ordens nach Altenberg, wenn es ein Mädchen sei. Die Edlen und die Ritter seines Landes läßt er auf die Creuzburg kommen und ermahnt sie, ihren Besitz in Gerechtigkeit zu verwalten und nach dem Frieden zu streben. Er selber wolle nun all seinen Reichtum und sein Land verlassen, um nach Pilgerart über das Meer zu ziehen. Seine vielgeliebte Gattin und die Kinder, die ihm ans Herz gewachsen sind, muß er nun verlassen. Und zum Schluß bittet er sie um ihr Gebet:

«Betit alle got, ab (wenn) iz sin heiliger wille si
daz her mich gesund widder zu lande sende
uch (euch) unde dem landin zu saldin (Glück) und zu troste,
wenne (wie) ich mich in sine gnade berche mit
landin und mit lutin.»

Man glaubt es den Chronisten gerne, daß niemand diesen fähigen und gerechten Fürsten gerne ziehen ließ, der seinem Lande nicht nur nach außen Ansehen, sondern auch nach innen Frieden und Ruhe verschafft hatte.
Es ist verständlich, daß von den klösterlichen Chronisten ganz besonders ausführlich und bewegend der Abschied vom ludowingischen Hauskloster Reinhardsbrunn geschildert wird, aber es ist in diesem Abschied auch viel von dem Ewigkeitsdenken des mittelalterlichen Menschen zum Ausdruck gebracht, dem die Grablege seiner Ahnen eben nicht nur eine Stätte der Pietät, sondern der Verheißung ist. So kommt der Landesherr in Begleitung seiner Frau, seiner Mutter, Kinder und Brüder zu seinem Kloster, in dem seine Gebeine schon nach Jahresfrist ruhen werden, und zu dem es ihn so oft mit seiner «liebsten Schwester» gezogen hatte, in einer großen inneren Bewegung. Nach der Komplet stellt sich Ludwig neben den Weihwasserkessel und den Priester, der das Weihwasser austeilt und nimmt von jedem Mönch einzeln Abschied, die kleinen Klosterschüler aber nimmt er auf seinen Arm und küßt sie:

«Nu waz iz umbe complete zit, do her quam:
also (als) di gesungen was unde di hern uz dem
kore gingen zu dem sprengekezzili (Weihwasserkessel),
als sie phlegin, do trat der erber furste bi den pristir
der di hern besprenge solde unde gruste itslichen
besundirn fruntlich unde gutlich, beide di aldin
unde di jungin, sundirlichen nam he di jungisten
schulkinder fruntlich an sinen arm unde kuste
itsliches mildeclich an sinen munt.»

Es gehört zur richtigen Erfassung der Menschen von damals, die ganze Bandbreite ihrer Ausdrucksformen in den Blick zu bekommen, die von der unerbittlichsten Härte bis zu den weichsten Tönen reicht. Verglichen damit wirkt der moderne Mensch gemütsmäßig abgeschliffen, ärmer und von geringerer Spannkraft der Seele. Es fehlt ihm die Bereitschaft und wohl auch die Fähigkeit, den gesamten Raum seiner Empfindungen zu durchmessen, so daß er sich am liebsten in einer wohltemperierten Mitte aufhält. Ängstlich und dünkelhaft zugleich.

iz muz doch si

Von Reinhardsbrunn zieht der Landgraf mit seinem Gefolge über den Thüringer Wald nach Schmalkalden, wo er sich mit dem Rest des thüringischen Kontingentes trifft. Seine Familie ist auch zur Stelle, und wiederum übergibt Ludwig Elisabeth und die Kinder der Fürsorge seines Bruders. Schweigend verabschiedet sich der Landgraf von den Seinen, Elisabeth aber hatte sich ausbedungen, ihn bis zur nächsten Poststation begleiten zu dürfen. Es war der St. Johannis-Tag (24. Juni), das

Heu duftete, und auf den Höfen und Dörfern wurde das Johannisfeuer hergerichtet. Während die letzten Gebete gesprochen wurden, das Kreuzfahrerlied erklingt und die große Karawane sich in Bewegung setzt, reitet Elisabeth still und verzweifelt neben ihrem Mann her. Zuletzt, als sie die Grenze des Landes erreicht hatten, mahnte einer der Begleiter, Rudolf Schenk: «Gnädiger Herr, es ist Zeit, lasset die gnädige Frau umkehren: es muß doch sein.» Da zieht der Fürst seinen Fingerring aus der Tasche, mit dem er seine Briefe zu siegeln pflegte, zeigt ihn seiner Gattin und sagt zu ihr: «Meine allerliebste Schwester, sieh diesen Fingerring, darin das Lamm Gottes geritzt ist, mit einer Fahne und Inschrift in einem edlen Saphir: das soll dir ein Wahrzeichen sein: durch wen auch immer ich dir diesen Ring sende, dem sollst du voll und ganz glauben, was er dir meldet von meinen Wegen und meinem Leben und auch von meinem Tode. Gott im Himmel sei mit dir, allerliebste Schwester mein: Gott segne auch die Frucht deines Leibes, die du trägst, und bestelle es getreulich mit dieser Frucht deines Leibes, wie wir es untereinander gelobt haben.» – «we mir vel armen wibe», schreit da Elisabeth auf, und das sind die letzten Worte, welche die Gatten einander sagten in diesem Leben. Betrübt kehrt Elisabeth auf die Wartburg zurück, legt ihr fürstliches Gewand ab und nimmt ein Witwenkleid.
Indes zieht das Aufgebot der Deutschen durch Franken, Bayern und Schwaben den Alpen entgegen: Elisabeth aber bringt am 29. September ihr drittes Kind zur Welt und nennt es Gertrud. Es geschieht alles so, wie es sich die beiden Gatten gelobt hatten. Und Ludwig? In Italien überfiel der italienische Sommer die Deutschen.

Es wurde mühselig. In Ravenna wird sich der Landgraf an die Jagd erinnert haben, an der er dort vor Jahresfrist mit dem kaiserlichen Falkner teilgenommen hatte. In Apulien ziehen sie dann landeinwärts und werden in Troia vom Kaiser persönlich empfangen und begrüßt. Das Fest Christi Himmelfahrt feiern sie in Monopoli und schließlich kommen sie nach Brindisi. Dort gehen die Nahrungsvorräte zur Neige. Die Hitze ist für die Nordländer nicht mehr zu ertragen. Viele sterben.
Ludwig selbst war da schon nicht mehr bei seiner Truppe, denn er mußte den Kaiser nach Bari begleiten, um die Einschiffung zu überwachen. Auf der kleinen Insel St. Andrea vor der Hafeneinfahrt, wird er vom Fieber überfallen. Trotzdem läßt er sich nach Otranto weiterfahren, um sich dort zusammen mit Kaiser Friedrich II. von dessen 15-jähriger Gattin Isabelle zu verabschieden. Er kann sich gerade noch auf das Schiff zurückschleppen. Der Patriarch Gerold von Jerusalem und der Bischof Leo von Brancaleo können ihm noch die Letzte Ölung spenden und die Kommunion reichen. Dann versinkt er in ein Delirium. Sein Kaplan Berthold, dem wir all diese Nachrichten verdanken, berichtet, wie der Sterbende von vielen Tauben spricht, die ihn umflattern, von denen aber die Umstehenden nichts sehen. Aber der Landgraf hat sie gesehen und murmelt:

«ich muz unde wel von hinnen flige mit desin
snewizen tubin.»

Am 9. September hatte er sich von der Kaiserin verabschiedet, am 11. September starb er. Er hatte sein 27. Lebensjahr noch nicht vollendet.
Als im späten Herbst die Boten nach Deutschland und

Thüringen kommen, wagen sie es nicht, Elisabeth selbst diese Nachricht zu überbringen. Man benachrichtigt die Landgrafenmutter Sophie, Ludwigs Brüder Heinrich Raspe und Konrad. Auch Guda und Isentrud werden in Kenntnis gesetzt. Schließlich macht sich die Mutter Sophie aus dem Katharinenkloster auf den Weg zur Wartburg und sagt ihr eben das und eben so, wie auch das heute noch geschieht: «Liebste Tochter, erschrick nicht über das, was Gottes Wille mit meinem lieben Sohn, Deinem Mann, hat geschehen lassen.» Elisabeth klammert sich sofort an eine vage Hoffnung und ruft erregt: «Wenn mein lieber Bruder Gefangener ist, dann kann er mit Gottes Hilfe und dem klugen Rat von Freunden befreit werden.» – «Liebste Tochter», antwortet ihr da Sophie, «er ist tot.» Und seltsam, sie, die doch so bitter unter dem Abschied gelitten hatte und die doch gespürt hatte, wieviel Endgültigkeit darin lag, sie schreit nun in einer letzten Verzweiflung auf:

«tot, tot sol mir nu alle wertliche (weltliche)
froide unde ere si ...»

Wie wahnsinnig springt sie auf und läuft durch die Räume der Burg und ist keinem Trostwort zugänglich. Ihr Seelsorger soll da gemeint haben, sie zu christlicher Räson aufrufen zu müssen mit dem Appell: «Ist das Euer Frommesein, Frau Elisabeth? Kennt Ihr nicht mehr die Ergebung in des Schöpfers Willen?» Aber sie hört nichts mehr, und schließlich muß man die Besinnungslose vom Boden aufheben, auf den sie zusammengesunken war.

Es ist sehr bezeichnend, wie alle frühen Berichte diesen Zusammenbruch der großen Heiligen ohne abschwächende oder entschuldigende Bemerkungen schildern und damit einen guten Sinn bekunden für das Recht des Menschen – auch des hohen und edlen Menschen – auf Schmerz und Trauer. Das Mißverständnis, ein religiöser Mensch dürfe deshalb nicht den Schmerz seiner Trauer zeigen, weil er ja in Gott einen unangreifbaren Hort seiner Beseligung hat, ist zwar weit verbreitet, bleibt aber dennoch ein Mißverständnis. Liebe ist ja gerade dadurch gekennzeichnet, daß sie sich ganz vom Geliebten her empfängt und ganz in dessen Leben hineinschenkt. Wo ihr das geliebte Du genommen wird, fällt sie deshalb ins Bodenlose, denn dieses Du war ihr Ein und Alles, von dem her alles erst seinen tieferen Sinn bekam, und ohne das alles andere seinen Sinn verliert. Wird der Liebe ihr geliebtes Du geraubt, dann entsteht dadurch nicht eine bedauerliche Lücke in einem ansonsten heilen Sinnganzen, sondern der Bau des Ganzen stürzt zusammen und reißt den Liebenden in seinen Sturz hinein.

Dem widerspricht in keiner Weise die Tatsache, daß alle wahre Liebe in Gott ihren letzten Anwalt hat, und daß ihr deshalb ihr letzter Grund nicht geraubt werden kann. Es ist ja nicht so, daß Gott als der unendlich Liebenswürdige neben dem geliebten Du des Menschen steht und von dessen Sterben völlig unbehelligt bliebe. Vielmehr begegnet in der Liebe zum menschlichen Du die Liebe, die Gott selber ist. Und wo dieses Du in jähem Entzug aus dem Organismus eines liebenden Leben herausgerissen wird, da geht die Erschütterung bis in die Fundamente jeglicher Liebe hinein. Der Aufschrei Jesu am Kreuz: Mein Gott, Mein Gott, warum hast du mich verlassen! (Mt 27,46) ist nicht nur die

Klage über einen begrenzten Ausfall von Sinnerfahrung, sondern der Ausdruck von totalem Zusammenbruch der in einem ganzen Leben gewachsenen Sinnvermittlung. Und erst hinter diesem Zusammenbruch wird dann die unbedingte, an keinen biographischen Gang gebundene Treue Gottes (vielleicht) wieder sichtbar: «Vater, in deine Hände empfehle ich meinen Geist!» (Lk 23,46) Obwohl Gott größer ist als alles, was uns seine Liebe vermittelt, ist seine Unmittelbarkeit doch immer eine vermittelte, und der Zusammenbruch seiner Vermittlung zunächst auch der Verlust seiner Unmittelbarkeit. Aber neue Weisen der Vermittlung wachsen heran.

II. TEIL: DIE SCHWESTER

Das 24-jährige Leben der hl. Elisabeth zerfällt nicht nur in dem Sinn in zwei verschiedene Teile, daß sich die eine Hälfte auf der Wartburg und die andere Hälfte in Marburg abgespielt hat. Die Zweiteilung ihres Lebens hat auch eine sehr innerliche Begründung, die sich aus der Person Ludwigs IV. ergibt. Solange er im Leben mit Elisabeth verbunden war, prägte seine Liebe und sein Dasein die gesamte Lebensthematik Elisabeths. Sein Tod ließ in ihrem Leben eine klaffende Wunde zurück, die durch nichts mehr zu schließen war. Zugleich aber wurde durch diese Wunde der tiefe Lebensstrom sichtbar, der das Denken und Fühlen dieser Frau durchzieht und ihr Leben einheitlich durchwaltet. Nach dem jähen und sie ganz und gar überwältigenden Schmerz, der sie aufschreien ließ und der in den Gewölben der Wartburg weiterschallt bis zur Stunde, organisieren sich die Lebenskräfte wieder langsam um die Herzmitte ihres Lebens und sorgen dafür, daß die Wundränder ihres Schmerzes nicht schwären und zum Herd einer Vergiftung des ganzen Lebens werden. Ein langsamer Prozeß, aber ein Heilungsprozeß, der auf den Kräften einer Gottverbundenheit aufbauen kann, die im Augenblick des ersten Schmerzes nicht mehr vernehmbar war, die aber dennoch nie aufgehört hat, dieses Leben der jungen Frau mit dem Ursprung allen Lebens zu verbinden. Aus diesem Grund wächst die neue Lebensgestalt hervor, die das eine Thema unter veränderten Voraussetzungen fortführt.

Unter dem Druck des mitleidenden Gefühls konnte es nur eine Frage der Zeit sein, bis daß die Tatsache, daß Elisabeth nach dem Tod ihres Mannes nicht mehr lange auf der Wartburg bleibt, dahin gedeutet wurde, daß man sie von dort verjagt habe. Da erst kommen die Bedürfnisse nach mehr dramatischer Rührung auf der einen und die Lust an der Entrüstung auf der andern Seite voll auf ihre Rechnung, wenn da sowohl ein hilfloses Opfer ist als auch ein ausgemachter Bösewicht. Alles andere ist zu kompliziert, eignet sich nicht zur Szene, und muß deshalb dem Verlangen nach Eindeutigkeit angeglichen werden.

Tatsächlich aber ist heute die Vorstellung von einer eigentlichen Vertreibung der jungen Witwe nicht mehr aufrecht zu erhalten. Genaue Untersuchungen der rechtlichen Lage, in der sich Elisabeth nach dem Tod Ludwigs befand, haben ergeben, daß es gar nicht möglich war, ihr einfach die Tür zu weisen. Zwar hat nach dem thüringischen Recht jener Zeit die Witwe eines verstorbenen Regenten keinen besonderen Anspruch mehr auf das Vermögen der Familie. Mit dem Tod ihres Gemahls hört die Witwe auf, Mitbesitzerin zu sein. Die Mitgift gehört zum Erbgut, das unter die Kinder und die Brüder und Schwestern des Verstorbenen aufgeteilt wird. Mit 12 Jahren ist der älteste Sohn des Verstorbenen berechtigt, sein Thronerbe anzutreten, bis dahin liegen alle Verwaltungsrechte beim Regenten. Die Witwe selbst aber hat Anspruch auf eine Unterstützung. Außerdem gehören ihr die Ländereien, die im Heiratsvertrag ihr als «Morgengabe» übereignet wurden, dazu die Ein-

künfte aus der Mitgift und sämtliche Juwelen und Kostbarkeiten, die sie persönlich besaß.
Wenn wir auch davon ausgehen können, daß Elisabeth nicht mehr viel von diesen Kostbarkeiten besaß, so hatte sie doch Anspruch auf Lebensunterhalt, der sich aus den Einkünften aus der Mitgift und aus den Ernten ihrer Ländereien zusammensetzte, die beide nicht gering waren. Außerdem hatte sie, genauso wie die Landgräfin Sophie, Mitspracherecht beim Verkauf oder bei einer Schenkung. Sie war also kein rechtliches Freiwild, sondern durchaus vor Willkür und Unrecht geschützt.
Ein anderer Umstand aber macht es sehr wahrscheinlich, daß ihres Bleibens auf der Wartburg nun nicht mehr war. Erinnern wir uns an das strikte Speiseverbot, das Elisabeth auf Befehl ihres Beichtvaters Konrad von Marburg strikte befolgte! Eine solche Herausforderung für die Hofgesellschaft konnte sie sich ja nur leisten, solange sie von Ludwig darin gedeckt wurde. So ist es naheliegend, daß exakt an diesem Punkt sich erste Unzuträglichkeiten ergeben mußten. Solange nämlich ihr Vermögen mitverwaltet wurde, konnte sie keinen Einfluß darauf nehmen, was auf den Tisch kam. Und da sie auch nicht mehr damit rechnen konnte, daß jemand auf sie und ihr Gelübde Rücksicht nahm, mußte sie bei gedecktem Tisch hungern. Schon deshalb hat sie von Anfang an darauf bestanden, daß ihr der Anteil des Vermögens ausbezahlt werde, der ihr zusteht. Denn nur so konnte sie ihr Gelübde halten, ohne zu verhungern, nur so konnte sie den Armen helfen, wie sie es für richtig hielt.
Und überhaupt, was hätte sie noch weiterhin auf der Wartburg halten können? Ludwig war ja der einzige

gewesen, der ihre religiöse Sendung erkannt und anerkannt hatte. Alle anderen hatten sie schon vorher für eine mehr oder weniger überdrehte Betschwester gehalten. Bisher war die Verkennung durch die vielen durch die liebende Anerkennung durch den einen mehr als aufgewogen. Jetzt aber, wo das Gewicht des einen nicht mehr in die Waagschale fiel, jetzt lastete die ganze Mißachtung auf der so tief verwundeten Frau und schuf eine für sie unerträgliche Atmosphäre. Es ist sicher ein Ehrenblatt in der Geschichte Elisabeths und der Frauen überhaupt, daß ihre beiden Hofdamen in diesen Wochen unerschütterlich zu ihrer Herrin hielten. Aber sie allein konnten die für Elisabeth immer bedrückendere Lage auch nicht entscheidend verbessern. Und vergessen wir auch nicht, daß in Elisabeth schon früher ein Verlangen da war, den Armen gleich zu werden, denen sie bisher mit so viel persönlichem Einsatz diente. Hatte sie sich doch eines Tages in Bettlerkleider gehüllt und ihren Dienerinnen gesagt, daß sie so von Tür zu Tür betteln gehen werde. Wir wissen aus dem Leben des hl. Franz von Assisi, daß solches Bettlerspiel etwas von einem prophetischen Zeichen an sich haben kann, das den nachfolgenden Lebensweg höchst wirksam bestimmt. Elisabeth hat nie aufgehört, diese Sehnsucht nach einer gelebten Armut in sich zu tragen. War nun nicht die Stunde gekommen, diese Sehnsucht nach Gleichgestaltung mit dem armen Jesus zu erfüllen?
Nein, es ist nicht nur unwahrscheinlich, es ist auch im hohen Maß unpsychologisch, alle Schuld ihrem Schwager Heinrich Raspe in die Schuhe schieben zu wollen. Natürlich hätte er seine Beamten daran hindern können, das Eigentum Elisabeths zurückzuhalten, natür-

lich war der damals 23-jährige ohne Sinn für das Besondere an der Sendung seiner Schwägerin. Darüber hinaus hätte er sich aber wohl gehütet, das Andenken seines hoch angesehenen Bruders so in den Wind zu schlagen und sich selbst in ein so ungünstiges Licht zu stellen, daß er Elisabeth einfach vertrieben hätte. Heinrich Raspe hatte nicht das Format seines Bruders Ludwig, es fiel ihm schwer, dessen Nachfolge anzutreten. Er scheint ein Mann gewesen zu sein, der sich am liebsten in seine Verwaltungsaufgaben verkroch, ohne freilich auf ehrgeizige Gedanken ganz verzichten zu können. Als ihn am 22. Mai 1246 die Erzbischöfe von Mainz und Köln in Veitshöchheim zum deutschen König wählten, erhielt er zwar den Spottnamen «Pfaffenkönig», weil kein weltlicher Fürst an seiner Krönung teilnahm, aber es gibt genug Zeugnisse über sein Leben, die ihn als einen frommen Mann ausweisen. Genau wie sein jüngerer Bruder Konrad, der 1234 in den Deutschen Orden eintrat und 1240 als dessen Hochmeister starb, hat er sich um die Verehrung seiner Schwägerin verdient gemacht.

Warum nach Eisenach?

Es steht fest, daß Konrad von Marburg nicht in Reichweite war, als Elisabeth die Wartburg verließ. Es war Winter, entweder in den letzten Wochen 1227 oder im Januar 1228. Elisabeth war begleitet von ihren beiden treuen Gefährtinnen Guda und Isentrud, die sich um die kleine Gertrud kümmerten. Die beiden größeren Kinder Hermann und Sophia blieben zunächst auf der

Wartburg. Alles, was die Quellen über diesen anscheinend völlig unvorbereiteten Aufbruch berichten, deutet darauf hin, daß er in einer großen inneren Erregung der jungen Witwe geschah. Durch Regen und Kälte geht ihr Weg vorbei am Hospital, das sie gegründet hat, nach Eisenach hinein, wo ein wirres Herumsuchen nach einem Unterschlupf beginnt. Von einem Schweinestall ist die Rede, in dem sie schließlich unterkam und von einem Tedeum, das sie mit den Franziskanern in deren Klosterkirche sang, die unmittelbar an die Hofhaltung grenzte. Ist den Minderbrüdern und ihrem Guardian Burchhard nichts aufgefallen? Hat keiner etwas unternommen? Und warum wandte sich Elisabeth nicht an das nahe Katharinenkloster, in welchem ihre Schwiegermutter Sophie lebte? Es ist nicht ganz leicht, sich vorzustellen, daß es wirklich so war, wie der Chronist berichtet:

«Sie ging nach Eisenach, aber kein Bürger durfte sie beherbergen ... So blieb sie in einer Schenke, bis die Barfüßer Mette sangen. Da ging sie in die Kirche und bat die Brüder nach der Mette, ihr den Lobgesang Te Deum laudamus zu singen. So blieb sie wohl drei Tage elend in der Stadt bei armen Leuten in deren Häuschen, und es geschah, daß sie von den Barfüßern weggehen wollte, als sie die Messe gehört hatte, da wollte sie in die Untergasse bei St. Jakob, wo ihre Herberge war, und mußte über Schuttsteine gehen, deren waren viele von dem Scherrhorn bis zu dem Gäßchen, das nach St. Jakob geht. Da begegnete ihr auf dem halben Wege, da, wo der Schlamm am allertiefsten war, eine Bettlerin, der sie oft mit ihren Almosen wohlgetan hatte, die wollte ihr nicht ausweichen und stieß sie in den unreinen Pfuhl. Aber sie blieb geduldig und dankte Gott.»

Dietrich von Apolda sieht die Sache so:

«Nicht lange nachher standen einige Vasallen des verstorbenen Fürsten, die seinen jüngeren Bruder hätten lenken und leiten müssen, gegen die von Gott Getroffene auf, aller Gottesfurcht, aller Gerechtigkeit, ja ihrer eigenen Ehre und Erziehung vergessend, und verfolgten sie, fügten neue Schmerzen zu der bereits erhaltenen Wunde und vertrieben sie aus der Burg und allen ihren Besitzungen.»

Caesarius von Heisterbach weiß da Genaueres:

«Nach dem Tode ihres Gatten wurde sie von einigen ungebärdigen Vasallen aus ihrem Wittumssitz in der Burg vertrieben und verlor all ihr Hab und Gut, das sie mit in die Ehe gebracht hatte...

Sie stieg hinab zu der Stadt, die am Fuß der Burg lag, und trat in eine armselige Herberge, und der Wirt ließ sie für die Nacht in einem Schuppen nächtigen, wo irdene Hafen standen mit den Vorräten der Handelsleute, und auch die Schweine waren dort untergebracht. So verbrachte sie die Nacht in tiefernster Freude. Aber zur halben Nacht machte sie sich auf den Weg zu den Minderbrüdern, die es dort gab, und bat sie, ein Te Deum anzustimmen, denn sie war Gott aufrichtig dankbar für ihre Sorgen. Nun endlich war sie so arm wie ihr Herrgott.

Am folgenden Tag, als niemand es wagte, ihr ein Obdach zu gewähren, denn die Vasallen hatten die Stadtleute mit Drohungen eingeschüchtert, ging sie mit ihren Frauen in eine Kirche, wo sie lange betend verharrte. Dorthin wurden ihr auch ihre Kinder aus dem Schloß gebracht. Aber sie wußte nicht, wo sie das Haupt dieser Kinder für die Nacht betten sollte, denn es war hartes Winterwetter. Was nützte es den Kindern jetzt, daß sie später einmal die ganze Stadt von ihrem Vater erben würden!

Schließlich wurde die erbarmungswürdige, junge Mutter dazu getrieben, beim Haus des Priesters anzuklopfen und sein Mitleid anzurufen um ihrer Kinder und ihrer Frauen willen. Zuletzt verwies man sie in das Haus eines ihrer Feinde. Dort

zwängte man sie in eine kleine Stube. Darin mußte sie leben mit ihrer ganzen Familie, obgleich es rundherum reichlich Wohnung gab. Als aber ihre Gastgeber sie über das Maß quälten und ihre Lieben leiden mußten, da verließ sie diese ungastlichen Mauern wieder, trotzdem diese sie wenigstens vor Regen und Kälte geschützt hatten. Als sie aus dem Haus trat, sagte sie: ‹Gerne hätte ich meinen Dank ausgesprochen. Diese Leute haben mich beherbergt, aber ich weiß nicht, wo sie finden.› Und so kehrte sie in den ärmlichen Stall zurück, der ihr zuerst Zuflucht gewesen war, denn sie hatte keine andere Wahl. Danach sandte sie ihre Kinder fort.
Den Armen gab sie immer noch, was sie irgend absparen konnte ... Eines Tages begegnete Sankt Elisabeth einer alten Frau, die oft Almosen von ihr empfangen hatte. Elisabeth befand sich auf dem Weg zur Kirche und war gerade an eine enge Stelle auf dem Weg gekommen, wo man flache Feldsteine in den Schlamm der Straße gelegt hatte, um das Überqueren der Straße möglich zu machen. Gerade hier begegneten sich die beiden Frauen. Aber die alte Frau trat nicht beiseite, wie sie es wohl sonst getan hätte, als Elisabeth noch Almosen verteilte. Statt dessen stieß sie Elisabeth in den Schlamm, so daß sie hinfiel und alle ihre Kleider von dem Kot beschmutzt wurden. Elisabeth aber stand gelassen auf, ungeachtet der Leute, die lachend um sie herumstanden, und wusch ihr Gewand im öffentlichen Brunnen, heiter und unbefangen.»

Sehr tüchtig erzählt da der berühmte Caesarius, aber die Unwahrscheinlichkeiten werden nur noch größer. Es ist allerdings ziemlich genau der Bericht, den Guda und Isentrud gegeben haben. Und die müßten es ja eigentlich wissen. Mehr geben die Quellen jedenfalls nicht her, die nun freilich einmal auf ihren Gehalt an Topoi (feste Klischees, Denk- und Ausdrucksschemata) kritisch untersucht werden müßten.
Für unsern Zusammenhang ergeben sich aber dennoch

ein paar wichtige Erkenntnisse. Elisabeth verläßt die Wartburg in einem Zustand höchster religiöser Ergriffenheit, der durch das Unverständnis ihrer bisherigen Lebenswelt zwar gesteigert, nicht aber allein begründet wird. Sie will ganz hinab ins Elend, deshalb faßt sie zunächst gar keine anderen Lösungsmöglichkeiten ins Auge, wie sie doch mit ihrem Hospital am Fuß der Wartburg, mit dem Katharinenkloster in Eisenach gegeben waren. Ganz zu schweigen von den beiden Nebenresidenzen Creuzburg und Neuenburg, oder dem Schloß in Marburg, das ihr als Witwensitz zur Verfügung stand. Sie ist beim Verlassen der Burg nicht allein, die «Frauen» und die «Kinder» folgen ihr. Sie wird von der Bevölkerung nicht freundlich aufgenommen.

Die Annahme von A. Huyskens, daß diese ganzen Geschehnisse nicht in Eisenach, sondern in Marburg zu lokalisieren sind, kann ich trotz der in den Quellen immer wiederkehrenden Erwähnung der «Vasallen» und des «Witwensitzes» nicht teilen. Beide Ausdrücke können auch im Zusammenhang mit der Wartburg Verwendung finden. Gegen Marburg aber spricht die Tatsache, daß die Tradition sehr früh schon diese Geschehnisse mit Wartburg/Eisenach verknüpft. Dafür spricht auch der Umstand, daß Elisabeth einen Säugling zu versorgen hatte, und daß die unfreundliche Bettlerin, die immer Erwähnung findet, von ihr schon viele Wohltaten empfangen hatte. Außerdem ist für diesen Zeitraum kein Franziskanerkloster in Marburg nachzuweisen.

In Eisenach also macht Elisabeth den Anfang ihres neuen Lebens, das von ihr bewußt angestrebt wird als eine Nachfolge des armen und verachteten Jesus. Was

auch bisher schon ihre Sorge für die Armen und Kranken bestimmte, was Grund ihrer Nachtwachen, ihrer Kasteiungen und ihres Fastens war, das soll nun zu der durch keine Rückkehr in die feudale Welt ihres Standes mehr unterbrochenen Dauerexistenz in Armut und Not werden. Eine innere Konsequenz liegt in dieser Abstiegslinie, die keinerlei von außen kommende Erklärungsursachen nötig hat.
Es scheint, daß Konrad von Marburg in den ersten Monaten des Jahres 1228 wieder im Land war, Elisabeth also noch in Eisenach vorfand. In seinem Brief an Papst Honorius schreibt er nämlich: «Nach Ludwigs Tod bemühte sie sich um höchste Vollendung. Sie fragte mich, wie sie sich verdienter machen könne, durch ein Leben in einer abgeschlossenen Klause, einem Kloster oder sonstwie in der Welt? Sie sehnte sich danach, von Tür zu Tür gehen zu dürfen und zu betteln. Unter vielen Tränen bedrängte sie mich, mein Einverständnis zu geben.» Für den Magister Konrad kam dieses Ansinnen überhaupt nicht in Frage. Weder kirchenpolitisch noch menschlich mußte ihm ein solcher Weg als gangbar erscheinen. Jetzt, wo überall die Häretiker im Namen der apostolischen Armut die Herzen der Menschen verwirren! Und die Mutter des zukünftigen Landgrafen als herumstreifende Bettlerin! Nein, dazu konnte er nicht seine Zustimmung geben. Aber Elisabeth ist entschlossen, ihrer Berufung zu folgen, und weiß: «Ich werde das tun, wovon man mich nicht abhalten kann.» Am Karfreitag 1228 geht sie in die gleiche Kapelle der Franziskaner, in welcher sie das Te Deum gesungen hatte, legt ihre Hände auf den Altar und entsagt feierlich und in Gegenwart einiger Minderbrüder, ihrer Familie,

ihrem eigenen Willen und allem, was ihr gehört. Dem widerspricht nun Konrad aufs entschiedenste. Sie dürfe auf ihr Einkommen nicht verzichten, denn sie sei verpflichtet, für die Armen zu sorgen. Dem beugt sich Elisabeth.

Weiteres Suchen

Daß die Leute in Eisenach nicht sehr viel Verständnis hatten für ihre frühere Landesmutter, darf weiter nicht erstaunen. Auch heute würde sich der «gesunde Menschenverstand» gegen eine 20-jährige richten, die mit ihren drei kleinen Kindern aus besten Verhältnissen «aussteigt», um andere Leute in Verlegenheit zu bringen. Wie die Quellen zu verstehen geben, hat Elisabeth dafür gesorgt, daß ihr Sohn Hermann und ihre Tochter Sophia bald standesgemäß untergebracht wurden. Beide wurden auf die Creuzburg gebracht, Gertrud aber blieb vorerst noch bei ihrer Mutter. Schon allein diese Art, kleine Kinder in solche Verhältnisse hineinzureißen und sich dann von ihnen zu trennen, mußte Elisabeth die abweisende Haltung der Bevölkerung eintragen. Da heißt es eben, sich klein machen und den neuen Verhältnissen anpassen und nicht wie diese Ungarische die Welt auf den Kopf stellen! Die wird schon noch sehen, was es heißt, wirklich arm zu sein! Das ist etwas ganz anderes als dieses ausgefallene Wohltätigkeitsspiel, das sie bisher spielte! Die spinnt doch!
Aus diesen Tagen wird folgende Begebenheit berichtet: Elisabeth kniete in der Kirche und blickte auf den Altar. Nach langer Zeit erhob sie sich, um in ihren Unter-

schlupf zurückzukehren. Da verliert sie das Bewußtsein und wäre zu Boden gefallen, wenn Isentrud sie nicht aufgefangen hätte. Während Isentrud und Guda sie in ihren Armen halten, blickt sie unverwandt auf das Fenster. Ein Lächeln geht über ihr Gesicht, ihre Augen beginnen zu strahlen. Nach wiederum geraumer Zeit geht dieser frohe Gesichtsausdruck in Weinen über, bis wiederum Freude auf ihrem Angesicht leuchtet. Dann noch einmal Tränen und schließlich in höchstem Entzücken die Worte: «Wenn du, o Gott, bei mir bleiben wirst, dann will ich dir immer angehören, und nichts wird uns trennen können.» Gefragt, was dies bedeute, sagte sie zu Isentrud: «Ich sah den Himmel offen, und Christus neigte sich herab, um mich für alle meine Leiden zu trösten. Als ich ihn sah, freute ich mich, aber als er sich abwandte, begann ich zu weinen. Da sah er mich voll Mitleid an und sprach: ‹Wenn du mit mir sein willst, werde ich auch mit dir sein›, und darauf habe ich ihm geantwortet, was du vorher gehört hast.» Da will Isentrud noch mehr wissen, aber Elisabeth erwidert: «Es ist nicht gut für mich, von dem zu erzählen, was ich sah, aber glaube mir, ich hatte die große Freude, mich in die Geheimnisse Gottes zu vertiefen.»

Trotz solcher Erfahrungen, die verstehbar machen, wie Elisabeth in einer Welt lebte, die sie unangreifbar machte für die Not und für die Verachtung, die ihr von außen her entgegenschlagen, wurde ihre Lage in Eisenach immer unhaltbarer. Schließlich erfährt man von solchen entwürdigenden Zuständen auch über die Grenzen Thüringens hinaus. Und so veranlaßt die Äbtissin Mechthild III. von Kitzingen, die Schwester von Elisabeths Mutter, daß deren Bruder, der Bischof Ekbert von

Bamberg, der unglücklichen Witwe Zuflucht gewähre. Durch diese Rettungsaktion von Tante und Onkel mütterlicherseits gelangt Elisabeth im Frühjahr 1228 auf das Schloß Pottenstein, das sie aber mehr als eine Art Schutzhaft verstehen mußte, denn ihr Onkel soll fest entschlossen gewesen sein, sie wieder zu verheiraten. Die Monate März und April verbringt also Elisabeth auf der unwirtlichen Burg, was sie aber nach all dem Elend des vergangenen Winters wohl wenig anficht. Auch vor den Plänen des Onkels bangt ihr nicht, denn sie vertraut auf Gott, wie sie zu ihren Gefährtinnen sagt. Notfalls würde sie sich die Nase abschneiden, wenn jemand ihr Gelübde nicht respektieren sollte. Diese Drohung ist sicher mehr als ein Ausdruck unbedingter Entschlossenheit zu deuten und nicht als eine echte Möglichkeit, die für Elisabeth in Frage kam, da sie wußte, daß die Kirche auch damals schon jede Selbstverstümmelung streng verurteilte. Im übrigen sollte man Bischof Ekberts Ansinnen nicht einfach als gefühllose Machtpolitik verurteilen, denn in vieler Hinsicht mußte diese Lösung für die junge Witwe und ihre momentane Lage als die beste erscheinen.

das zertliche gebeine

Inzwischen waren die Getreuen, die einst mit Ludwig zum Kreuzzug aufgebrochen waren, nach dem gescheiterten Versuch wieder nach Apulien zurückgekehrt und wollten nun nicht den Leichnam ihres Herrn in fremder Erde zurücklassen. Deshalb wurde seine Leiche exhumiert und zum Transport nach Deutschland präpariert.

Der Hofkaplan Berthold, der auch beim Sterben des Landgrafen dabei war, schildert uns feierlich, wie der Schrein auf ein Maultier geladen wurde und sich der stille Zug nordwärts in Bewegung setzte, wobei man darauf achtete, daß der Schrein jede Nacht in einer Kirche aufgestellt war und das Gebet des Volkes und das heilige Meßopfer dem Seelenfrieden des Verblichenen zugute kämen. Anfang Mai erreicht der Zug Bamberg. Bischof Ekbert läßt seine Nichte von Pottenstein holen und ihr sagen:

«liebe mume min, du solt begeine (begegnen) unde emphan di lich deines allir liebistin hern und buln.»

Unter dem Läuten aller Glocken geht er selbst mit dem Klerus der Stadt und mit der Witwe und mit viel Volk dem Leichenzug entgegen und geleitet den Schrein in den damals noch im Bau befindlichen Dom. Das Gebet, das dann Elisabeth vor dem Schrein mit den Gebeinen ihres Gatten gesprochen haben soll, ist uns überliefert und gibt uns einen Eindruck von der inneren Haltung der Hingabe an den Willen Gottes, die nun die junge Frau beseelt:

«Herre, ich danke diner gnade unde barmeherzikeit daz du mir armen dirnen mine groze begerunge hast irfullit unde hast mich in minem betrubnisse gnediclich getrost, daz ich gesehen unde geschouwet habe daz zertliche gebeine adirn unde senwin mines allir liebistin brudirs unde frundis.
alleine daz ich on von ganzim herzin obir alle erdische ding habe lieb gehat, doch hazze ich daz nicht daz her sich dir geophirt hat unde durch dinen willen deme heiligin lande zu hulfe in fremden landin sin ende genommen hat.
herre, du weist wol, mochte iz gesi (sein) mit dinem heiligin

gotlichem willen, so were mir sin lebin unde sin liebliche froliche keinwertikeit (Gegenwart) unde angesichte liebir wenne alle froide wunne ere unde wollust diser werlde; ich wolde dar zu kise daz ich alle mine tage in ermute mit om betele (betteln) muste ge, daz ich alleine sin fruntlich angesichte unde sine wandelunge muste sehe.
abir nu wel ich, allir liebistir herre, widdir dinen gotlichen willen nicht streben. ich bevele (befehle) on unde ouch mich in dinen gotlichen willen. ich enwolde on nicht her widder zu dem lebin lose mit eime kleinem hare widdir dinen heiligen willen.»

Es wird wohl wenige Gebete in der Menschheitsgeschichte geben, die so bewegend Schmerz und Anbetung in sich vereinen. Gott ist es, der gibt und nimmt, sein Name sei gepriesen!
Auf dem weiteren Zug der Gebeine Ludwigs von Bamberg zum Hauskloster Reinhardsbrunn war Elisabeth dabei. Bei der Beerdigung war sie genauso zugegen wie seine Mutter und seine beiden Brüder Heinrich Raspe und Konrad. Von den Kindern ist nicht die Rede. Dagegen lernte hier Elisabeth die Frau von Heinrich Raspe kennen, Elisabeth, die Tochter des Markgrafen Albrecht II. von Brandenburg, die neue Herrin der Wartburg.

Schöne Worte

Wenn wir dem Bericht des Kaplans Berthold Glauben schenken dürfen, hatte der Bischof von Bamberg den Getreuen des Verstorbenen das Versprechen abgenommen, daß sie auf der Wartburg für die Rechte Elisabeths eintreten. Und tatsächlich soll Rudolf Schenk von Vargila Heinrich Raspe zur Rede gestellt haben mit den Worten:

«wir haben rede vernommen der wir uns sere betrubin unde von ganzim herzen schemen, daz man sulche grose unerberkeit und ungerechtikeit an dir fundin hat unde von dir seit. eia liebir herre, waz hast du getan? di betrubeten witwen dines allir liebistin brudirs unde die edelen kongis tochtir von Ungirn, die du billichen soldist getrost haben, gewürdiget unde gunit, die hastu unerlichin unde lesterlichen ane sache uz getrebin uz ihrer herberge unde uz gute unde uz habe, unde hast sie wiselos gemachit unde arme unde dorftig unde betelisch gelazin in grosim enelende.»

Solche Rede verfehlte ihre Wirkung nicht auf den reumütigen Sünder, der alsbald in Tränen ausbrach und Besserung versprach. Aber als die Ritter zu Elisabeth kamen, mußten sie aus deren Mund vernehmen:

«des landis noch der lute burge stete noch dorfere engere ich nicht, wenne in den dingen wirt der mensch bekummirt mit werltlicher itelkeit unde trege an gotis dinste; sundirn ich begere waz mir in gliche vor mine lipzucht unde gedinge gebore mag. daz mir min liebe brudir von sinen gnadin geben wel, daz gebe he mir an gelde, daz ich daz nach miner notdorft unde willen gebrauchen moge gote zu lobe unde zu troste miner armen sele unde ouch mines lieben buln, des tat ich nimmer wel vorwinde.»

Nach diesem Bericht wäre dann Elisabeth noch einige Zeit auf der Wartburg geblieben, um dann wieder in ihr armes Leben zurückzukehren. Wohin? Der Sommer 1228 gehört zu den undurchsichtigsten Zeiträumen im kurzen Leben der Heiligen. Wir wissen aber, daß sie in Gotha weilte, wo sie zusammen mit Ludwig ihr erstes Hospital gegründet hatte. In einem Brief an den Papst

bittet sie in dieser Zeit um die Genehmigung, eine Kapelle für dieses Hospital bauen sowie einen Friedhof anlegen zu dürfen. Ebenso bittet sie um die Einstellung eines Kaplans. Es war das einzige Mal, daß Elisabeth nach dem Tod Ludwigs hoheitliche Funktionen der Landgräfin ausübte, und es fällt auf, daß sie diese Bitte vorträgt, ohne daß der mit ihr zuständige Heinrich Raspe das Schreiben unterzeichnet hätte. Sicher war sie auch in Erfurt, wo Bruder Rüdiger im dortigen Franziskanerkloster lebte. Auch von einem Besuch in der Abtei Andechs wird gesprochen, wohin selbstverständlich Beziehungen von seiten der Familie ihrer Mutter bestanden. Irgendwo auf diesen Reisen, so erinnern sich ihre Freundinnen, habe man ihr in einem Kloster, das ganz von Almosen lebte, die reich vergoldeten Figuren in der Kapelle gezeigt. Davon war Elisabeth aber gar nicht beeindruckt, sondern sagte: «Ihr hättet besser daran getan, das Geld auf eure Kleider und eure Nahrung zu verwenden. Das Bild Gottes nämlich, das diese Figuren darstellen, solltet ihr im Herzen tragen.»
Auf die Sommermonate 1228 ist auch der Brief zu datieren, den Papst Gregor IX. an die junge «Kriegerwitwe» richtet. Er bezeugt nicht nur einen gewissen Bekanntheitsgrad Elisabeths zu dieser Zeit, sondern bringt bei aller Förmlichkeit auch etwas von der Bewegung zum Ausdruck, mit welcher der um ein halbes Jahrhundert ältere Kirchenfürst am Schicksal der jugendlichen Christusjüngerin teilnimmt.

«Gregor, der Diener Gottes, grüßt seine geliebte Tochter in Jesus Christus, die Landgräfin von Thüringen, und spendet den apostolischen Segen.

...

Wir sind tief bewegt im Gedanken an die Demut und heilige Reinheit des Herzens und des Körpers, mit der ihr die Wunden des Leidens zu tragen begehrt. Deshalb haben wir den guten Samen in Eure Seele gelegt, daß Ihr davon reichlich erntet und durch irdische Tränen hindurch ewige Freuden erlangen möget. Mit Gottes Hilfe wird Euch ein frommes Leben gelingen, das den Engeln Freude bringt, Euch zur Ehre gereicht und vielen ein Vorbild sein wird. Wir sind glücklich darüber, daß Ihr in Eurem hohen Stand, als schwache Frau und in jungen Jahren unter dem Zugriff eines grausamen Schicksals Zeugnis für Euren Glauben und für die Beständigkeit Eurer glühenden Liebe ablegt. Er, der Eckstein, den die Bauleute verachteten, und der dennoch der Eckpfeiler des Hauses wurde, Er ist es, der Eure Hände stark gemacht hat und die unsicheren Schritte Eurer Jugend auf felsigen Grund führte. Deshalb, meine Tochter, beeilt Euch, Eurem göttlichen Bräutigam zu folgen, wohin er Euch auch führen mag. Vertraut froh seiner Gnade und freut Euch!

...

Andere irren unsicher umher, um irdischen Ruhm zu erringen. Nicht als ein Fremder oder als ein Gast, sondern als Braut Christi begeht Ihr Euren Lebensweg, der wohlverdienten Krone entgegen.»

Es scheint, daß Elisabeth noch einmal für eine bestimmte Zeit nach Eisenach gekommen ist, bevor dann ihr endgültiger Umzug nach Marburg geschah.

8. Nicht Bruch, sondern Durchbruch

Nach dem Tod Elisabeths schrieb Konrad von Marburg 1232 an den Papst:

«Als Elisabeth die Gefahr fühlte, dort, wo sie zu Ludwigs Lebzeiten hilfespendend gewirkt hatte, wieder von dem Lärm weltlichen Ruhms belästigt zu werden, folgte sie mir wider meinen Willen nach Marburg, einer kleinen Stadt an der Grenze der Thüringischen Besitztümer.»

Welche Überlegungen und Vorgänge stehen hinter dieser kurzen Notiz, die übrigens im Widerspruch steht zu der Aussage Isentruds, die von einem ausdrücklichen Geheiß des Meisters Konrad spricht, Elisabeth möge nach Marburg gehen?

Kampf um das Recht einer Witwe

Die Vasallen, die nach der Beerdigung in Reinhardsbrunn noch so mutig für Elisabeth eingetreten waren, haben in der Folgezeit sich nicht mehr viel um die Rechtsansprüche der Witwe gekümmert. In der Zwischenzeit aber hatte Papst Gregor IX. den Magister Konrad aufgefordert, die Erbangelegenheit Elisabeths an die Hand zu nehmen. Die Ausgangspositionen waren ja einigermaßen klar. Elisabeth wollte nicht in Eisenach bleiben, und Heinrich Raspe war daran auch nicht interessiert. Des weiteren ging es für Elisabeth darum, möglichst großen Handlungsspielraum für ihre religiöse und caritative Lebensgestaltung zu gewinnen. Den konnte sie aber nur bei möglichst großer Trennung von der übrigen Landgrafenfamilie erreichen. Die thüringische Rechtsgepflogenheit sah aber durchaus die Möglichkeit vor, daß die Witwe eines Regenten soweit «ausgezahlt» wird, daß sie frei über ihr Vermögen verfügen kann, damit aber auch in dem Sinn aus der Familie ausschied, daß ihr Name nicht mehr unter öffentlichen Familienschriftstücken erschien. Vermögensrechtlich erlischt damit ihre Zugehörigkeit zur Gemeinschaft des ludowingischen Hauses. Außerdem herrschte das Prinzip der Unaufteilbarkeit der Ländereien, so daß es im Blick auf das Territorium immer nur um Nutzungsrechte gehen konnte, niemals um die Überschreibung bestimmter Liegenschaften auf bestimmte Familienmitglieder. Verhandlungsziel mußte es also sein, möglichst viel bares Geld herauszuschlagen, weil es Elisabeth ja darum zu tun war, Armen unmittelbar zu helfen, nicht aber Familiengüter anzusammeln.

Dem Verhandlungsgeschick Konrads ist es zu verdanken, daß Elisabeth die stattliche Summe von 2000 Mark Silber ausbezahlt wurde und Heinrich Raspe auch die 1000 Mark Schulden übernehmen mußte, die Ludwig zurückgelassen hatte. Bedenkt man, daß für 20 Mark damals ein kleines Landgut erworben werden konnte, so kann man ermessen, wie groß diese Summe war. Außerdem wurden ihr die Nutzungsrechte aus einigen Besitztümern übertragen, welche die Ludowinger in der Nähe von Marburg besaßen. Es scheint, daß dabei ein Tausch vollzogen wurde mit den Wittumsgütern, welche Elisabeth im inneren Thüringen hatte. Schließlich wurde ihr auch noch der Rest an Kostbarkeiten zugeschrieben, die sie aus Ungarn mitgebracht hatte. Davon war doch noch mehr vorhanden als es die überschwenglichen Berichte über ihre Freigebigkeit während der Hungersnot von 1226 hätten vermuten lassen.

Und was gab schließlich den Ausschlag für Marburg? Die bloße Tatsache, daß Magister Konrad aus Marburg stammt, darf für diese Frage nicht überschätzt werden, denn mit dem Beinamen «von Marburg» ist lediglich seine Herkunft, nicht aber sein Wohnort angegeben. Stärker ins Gewicht dürfte fallen, daß Marburg als Witwensitz für Elisabeth schon durch Ludwig vorgesehen war. Oder war es einfach das Bedürfnis, möglichst weit weg vom Schauplatz ihres bisherigen Lebens, im Westen der Grafschaft ein Hospital zu gründen, nachdem sie in Gotha 1223 und in Eisenach 1225 dies bereits getan hatte? Auch diese Frage läßt sich nicht entscheiden. Wenn wir aber den Aussagen der Dienerinnen folgen, sieht es so aus, als ob Elisabeth zunächst auf dem Schloß von Marburg Wohnung genommen hätte, von dort aber durch die Feindseligkeit der Adeligen vertrieben worden sei, so daß sie sich mit ihren Frauen in einem kleinen Häuschen in Wehrda einmietete.
Tatsache ist nämlich, daß Elisabeth nach Marburg zwar mit dem festen Entschluß kam, ein Hospital zu eröffnen, daß dieses Hospital aber zuerst einmal gebaut werden mußte. Sie mußte also zwischenzeitlich irgendwo unterkommen. Mit dem Bau des Hospitals wurde sofort begonnen. Den Bauplatz hierfür hatte auch noch der Magister Konrad mit der Landgrafenfamilie ausgehandelt. Allerdings besaß sie für dieses Gelände zwischen dem Mühlgraben-Lahnarm und der Einmündung des Ketzerbachs nur das Nutzungsrecht. Dieser Baugrund war hochwassergeschützt, besaß eine eigene Quelle und eignete sich so ausgezeichnet für das Vor-

haben. Auch wird es Elisabeth gefallen haben, nun ganz unten im Lahngrund zu weilen, tief unterhalb des Schloßberges, der Niveauebene ihres früheren Lebens. Denn tief hinab wollte sie sich begeben, bis zu jenem geheimnisvollen Tiefpunkt, von dem es im Philipperbrief heißt, daß Christus ihn in seinem Gehorsam bis zum Tod (Phil 2,8) erreicht habe. Deshalb erklärt Elisabeth: «Das Leben der Schwestern in der Welt ist sehr verachtet. Aber wenn es noch einen verachteteren Lebensstand gäbe, hätte ich ihn gewählt.»

Das Hospital, das noch Ende des Jahres 1228 fertiggestellt wurde, bestand aus mehreren Gebäuden, die freilich alle in der Bauweise der Armen «aus Holz und Lehm», also im Fachwerk aufgeführt waren. Neben dem Wohnhaus der Stifterin waren da das eigentliche Hospitalgebäude, eine Kapelle, getrennte Wohnhäuser für die männlichen und die weiblichen Mitglieder der Hospitalgemeinschaft. Das Ganze war mit einem Zaun umgeben und bildete so eine nahezu klösterliche Anlage. Elisabeth selbst aber wollte keine Klostergemeinschaft gründen, sondern «soror in saeculo», Schwester in der Welt sein. In der Kapelle der Franziskaner von Marburg legte sie deshalb ein neues, feierliches Gelöbnis ab, in dem sie von neuem auf ihren eigenen Willen verzichtete, ihren Besitztum in die Hände Gottes legte und seinen Willen zu erfüllen versprach. Dann ließ sie sich die Haare abschneiden, nahm aus der Hand des Magisters Konrad das graue Büßerkleid an und betete:

«Gott hat mein Gebet erhört, und ich werde von nun an auf alle Güter dieser Welt, die ich bis heute geliebt habe, verzichten. Gott ist mein Zeuge. Ich bin nicht mehr länger nur noch die Mutter meiner Kinder, sondern ich werde sie lieben, wie ich meinen Nachbarn liebe. Ich habe sie Gott anvertraut, damit er über sie verfüge, wie es ihm gefällt. Ich zürne denjenigen nicht, die mich verleugnen und verachten, denn Gott ist meine ganze Liebe.»

Franziskanisch?

Mit ihr zusammen nehmen auch Isentrud und Guda und die Dienerin Irmgard das Bußgewand und bilden nun zusammen mit ihrer Herrin den Grundbestand einer geistlichen Laiengemeinschaft, die zwar im kirchenrechtlichen Sinn noch nicht das ist, was später Dritter Orden des heiligen Franziskus genannt wird, die aber ganz im Geist des Armen von Assisi lebt. Als unübersehbares Zeichen für diese innere Haltung, weiht Elisabeth ihre Gründung dem heiligen Franziskus, dessen Heiligsprechung erst am 16. 7. 1228 stattgefunden hatte.

Es ist gut möglich, daß diese völlig neuartige Weihung eines Hospitals auf den Namen des Franz von Assisi auf Wunsch des Papstes Gregor IX. geschah, der die Verehrung des Poverello sehr förderte. Am 19. 4. 1229 stellt nämlich dieser Papst eine Ablaßurkunde für das Franziskus-Hospital aus, die als erster Baustein für eine Wallfahrt nach Marburg betrachtet werden kann. Es ist deshalb nicht wichtig, Elisabeth mit ihrer kleinen Hospitalgemeinschaft im ordensgeschichtlichen Sinn für die franziskanische Bewegung zu reklamieren, vom Lebensvollzug her war sie es im hohen Maß. Jetzt, wo sie ihren Platz gefunden hat, tritt ihr Leben nach dem Evangelium in so großer Reinheit zutage, daß es selbst zu einer evangelischen Erzählung wird, in der noch einmal das verkündet wird, was das Leben Jesu ausmachte: Wohltaten spendend, den Vater preisend, Zeugnis gebend, Freude im Herzen und auf dem Angesicht, zum Mitleid befähigt, zur Hilfe bereit. Hoffnung blüht auf im Lahngrund, Gottes Liebe hat wiederum Fleisch angenommen und hat unter uns gewohnt. Sein Geheimnis wird nicht zerredet und in endlose Beschwörungsformeln abgepackt, sondern dargelebt und erfahrbar gemacht durch eine junge, blasse Frau, die nach dem ausdrücklichen Zeugnis ihrer Zeit auch dann noch lächelte, wenn sie weinte.

Rasch vergrößert sich die ursprünglich ganz kleine Hospitalgemeinschaft. Magister Konrad gibt den Frauen einen Laienbruder, der die Geschäfte zu erledigen hat. Später werden auch noch andere Männer zur Krankenpflege hinzugekommen sein. Von einem Eremiten namens Heinrich von Weyebach, der später Franziskaner wurde, wissen wir, daß er für das Hospital ab und zu Arbeiten übernahm. Sicher spielt Konrad von Marburg nicht nur für Elisabeth selbst, sondern für die ganze Gemeinschaft die bestimmende Rolle in der religiösen Lebensgestaltung. Die eigentliche Leitung des Hauses hat aber Elisabeth; sie entscheidet über die Aufnahme der Kranken und über ihre Pflege. Sie sorgt auch dafür, daß über den Bereich der etwa 25 Krankenbetten hinaus, Hilfe und Unterstützung für die vielen geschieht, die vor den Türen des neuen Hospitals bleiben müssen.

9. Arm unter Armen

Elisabeth brauchte nicht lange nach Kranken und Behinderten Ausschau zu halten, denen sie Pflege und mütterliche Liebe schenken wollte. Sie warteten schon überall.

Kranksein im Mittelalter

Wahrscheinlich gab es im Mittelalter prozentual weniger Kranke als heute. Die hohe Säuglingssterblichkeit und die geringe Lebenserwartung sorgten dafür, daß der Tod der Krankheit immer wieder zuvorkam. Die Kranken aber, die da waren, hielt niemand versteckt, sie wurden jedermann zugemutet. Weil nämlich der Tod die Krankheiten kurz und rasant verlaufen ließ, waren die meisten mittelalterlichen Kranken weniger krank als siech, verkrüppelt und aussätzig, wobei unter «aussätzig» alles Mögliche verstanden wurde. Sieche, Krüppel und Aussätzige aber müssen betteln, wenn sie nicht verhungern sollen. Und so kam es, daß die mittelalterlichen «Kranken» zum Straßenbild gehörten und Gegenstand der Verhöhnung wie auch des Erbarmens waren. 19000 Leprosen gab es im Europa des 13. Jahrhunderts, und eine ganze Reihe von Orden und Bruderschaften widmeten sich der Pflege der Kranken. Dabei ging es weniger um Heilung als um Heil; Heil für die Pflegenden und für die Gepflegten.
Am schlimmsten waren die Aussätzigen dran, denn sie waren «unrein» in einem geradezu kultischen Sinn. Das gottesdienstliche Ritual, mit dem der Leprose aus der

Gemeinschaft ausgeschlossen wird, ist nichts anderes als der Bestattungsritus für einen Lebenden. Mit Horn, Klapper oder Glocke hatte er fortan seine Mitmenschen vor sich zu warnen, seine Füße mußten immer beschuht sein, und wenn er mit jemanden sprach, mußte er stets in der windabgewandten Richtung stehen. Nach seinem Tod durfte er auf keinem öffentlichen Friedhof begraben werden. Dafür aber bekam er wohlklingende Namen und gehörte fortab zu den «Gutleuten» und «Freunden Christi». Ist die «Todeslinie» einmal gezogen, gewinnen die, die nun so aussortiert sind, durchaus Aspekte der Erbaulichkeit und erinnern zum Nutz und Frommen der Gesunden an dies und das. Der Legende nach war z.B. Lazarus, der Freund Jesu, an Aussatz gestorben. Und überhaupt, das Wort Jesu von dem Geringsten seiner Brüder paßte unvergleichlich gut auf den Aussätzigen.
Man kann sich den Anblick und die Wirklichkeit dieser Ärmsten der Armen kaum schlimm genug vorstellen, und die mittelalterlichen Quellen nehmen keine Rücksicht auf die Nerven des modernen Lesers, wenn sie vom Schmutz und Gestank, von Blut- und Eiterfluß, von monströsen Verbildungen, von Grind und Krätze sprechen. Auch von den schrillen und krächzenden Stimmen, von Gebrüll und unaufhörlichem Wimmern ist die Rede, was bei dem völligen Mangel an schmerzstillenden Mitteln ja auch kein Wunder ist.

Diesem Anprall von erschreckender Not stellt sich die hochgeborene Dame mit solch heiterer Gefaßtheit, daß die Marburger ihr anfangs sogar den Vorwurf machen, daß sie keine gute Witwe sei, denn als solche hätte sie viel trauriger zu erscheinen. Zum Erstaunen auch ihrer Mägde kennt sie kein Erschrecken und kein Zögern, sondern begegnet gerade den entsetzlichsten Gestalten mit einer Liebenswürdigkeit und pflegerischen Energie, die gar nicht die Frage aufkommen lassen, ob es sich hier nur um ein frommes Spiel mit Verdiensterwartung handelt. Nein, Schwester Elisabeth ist voll auf dem Posten; sie besitzt gute medizinische Kenntnisse, über die sich Magister Konrad wundert, weil er sich nicht erklären kann, woher sie diese hat; sie ist zäh und opferbereit und führt etwa einen Jungen, den sie wieder gesund pflegt, immer wieder des Nachts zu dem Aborthäuschen; sie ist hoch motiviert und sagt zu ihren Frauen, als sie eines Tages einen Kranken gebadet hat: «Welches Glück für uns, so unsern Herrn baden und zudecken dürfen.» Für sich selbst hielt sie übrigens das Baden eher für einen weltlichen Luxus, denn als sie einmal bei ihrer Tante, der Äbtissin von Kitzingen zu Besuch war, und sie dort genötigt wurde, ein Bad zu nehmen, plätscherte sie nur geräuschvoll mit dem Fuß im Wasser und rief: «So, nun habe ich gebadet!» In ihrem Hospital aber hielt sie streng auf Sauberkeit und Hygiene und wusch, wenn es sein mußte, auch selbst die Bettücher und die Verbände.

Die gleiche Fröhlichkeit, welche ihren Dienst an den Kranken prägte, bestimmte auch die Zusammenarbeit mit ihren Frauen. Sie will, daß man sie nicht als Herrin und mit «Ihr» anredet, sondern mit «Elisabeth» und «Du». Obwohl die Dienerinnen dies nicht annehmen, sagt eine von ihnen: «Meine Herrin, die heilige Elisabeth, hat mit uns Dienerinnen immer in besonders heiter freundlichem Ton gesprochen, wobei sie uns ihre Lieben und ihre Freundinnen nannte.» Und als eines Tages eine Magd sich scheut, neben sie zu sitzen, faßt sie behend nach ihr und setzt sie sich auf den Schoß. Es liegt ihr alles daran, daß die Bezeichnung «Schwester» oder «Liebe» durch keine Standesunterschiede zur leeren Redensart wird, die dann letzlich den sozial Schwächeren sogar entmündigt. Ihrer Umgebung fällt es auch auf, daß sie beim Weinen ihr Gesicht niemals verzog, vielmehr seien ihr die Tränen wie einer Quelle entströmt, und das Gesicht habe dabei seinen leuchtenden und frohen Ausdruck bewahrt. Ihr Lachen wird als heiter und süß empfunden, ihre Ausstrahlung auf Kranke und Gesunde als mütterlich. Besonders Kinder haben sich sofort von ihr angezogen gefühlt.

Leben der Buße

Im Umgang mit den Aussätzigen können wir bei Elisabeth so wenig wie bei Franz von Assisi übersehen, daß es beiden nicht nur um Krankenpflege geht, sondern um eine Art Neuschöpfung und Verwandlung, die wir manchmal ein wenig lahm und halbherzig Buße nennen. Elisabeth pflegte am Gründonnerstag den Aussätzigen Hände und Füße zu waschen, demütig vor ihnen niederknieend, und sie küßte ihnen dabei die schlimmsten Geschwüre und Wunden. Mit ihrem Kopftuch wischte sie Speichel und Auswurf aus den Gesichtern der Leidenden und den Schmutz aus Mund und Nase. Der Magister Konrad hatte ihr aber verboten, Aussätzige anzufassen und ihre Geschwüre zu berühren oder gar zu küssen. Aber immer «wenn sie daran gehindert wurde, Almosen zu spenden, Aussätzige oder andere schmutzige Kranke zu baden, geriet sie aus innerem Drang zum Mitleiden und übergroßem Erbarmen außer Fassung und wurde krank.» Wie es schon bei Franz von Assisi auffällt, gibt die Begegnung mit den Aussätzigen darüber Aufschluß, ob einer als neuer Mensch zu Taten fähig geworden ist, die der alte Mensch mit Entsetzen weit von sich weist. Franziskus hat diesen Überschritt in seinem Testament ganz einfach so bezeugt: «So hat der Herr mir, dem Bruder Franziskus, gegeben, das Leben in Buße zu beginnen: denn, da ich in Sünden war, erschien es mir unerträglich bitter, Aussätzige anzublicken. Und der Herr selbst hat mich unter sie geführt, und ich habe ihnen Barmherzigkeit erwiesen. Und während ich fortging von ihnen, wurde mir gerade das, was mir bitter schien, in Süßigkeit der Seele und des Leibes verwandelt.»

Buße als Umwertung aller Werte, als Sicht der Dinge nicht vom lieben, kleinen Ich, sondern von der Liebe Gottes her, das ist vielleicht die umfassendste Formel franziskanischer Frömmigkeit, denn in ihr geht es um die Bezeugung der doppelten Wahrheit: die Welt, so wie sie uns begegnet, ist nicht so, wie Gott sie gemeint hat, aber es ist uns in Jesus Christus ein Weg eröffnet, auf dem wir wieder zu ihrer wahren Gestalt finden können. Und diese Gestalt ist die Liebe, die sich nicht

selbst sucht, sondern das Heil des andern. Elisabeth muß deshalb immer wieder das Verbot des strengen Magisters Konrad mißachten und wird dadurch erst recht zu einer Büßerin. Weil er aus Sorge, sie könnte sich anstecken, ihr die Pflege von Aussätzigen untersagt hatte, setzte es jedesmal Schläge ab, wenn Elisabeth dieses Verbot mißachtet oder mit Schlauheit umgangen hatte. Dann konnte sie zu ihren Frauen sagen: «Wir müssen solcherlei gern hinnehmen. Es ist mit uns wie mit dem Schilf, das im Fluß wächst. Schwillt der Fluß an, so wird es hinuntergedrückt und neigt sich. Das Wasser fließt darüber, ohne es zu knicken. Hört die Überflutung auf, so richtet sich das Schilf wieder auf und wächst in seiner Lebenskraft fröhlich und schön. So müssen auch wir uns bisweilen beugen und demütigen und uns danach wieder fröhlich und schön aufrichten.»
Diese Schläge, mit denen der finstere Magister seine Schülerin zur großen Heiligen prügeln wollte, und die verständlicherweise in der modernen Literatur über Elisabeth immer wieder Gegenstand der Entrüstung sind, dürfen auch nicht aus ihrem Zusammenhang herausgerissen werden. Geißelungen gehörten zum festen Programm des geistlichen Lebens, und es gab bis in die jüngste Vergangenheit hinein wohl keine religiöse Gemeinschaft, wo nicht diese «Disziplin» als ein Ausdruck der «Abtötung» und als Zuchtmittel in Ehren stand. Wenn freilich Konrad die Schläge, die sich der Bußwillige sonst selbst verabreicht, mit eigener Hand und mit großer Wucht auf die Schultern der Königstochter sausen läßt, dann ist das sicher auch in dem angegebenen Sinnzusammenhang als eine zumindest höchst bedenkliche Praxis zu sehen.

Aber auch Elsabeth selbst war in diesen Fragen ein Kind ihrer Zeit. Wie anders könnte man es sonst verstehen, daß sie einmal einer alten Frau, die bei ihrem Eintritt in das Hospital nicht beichten wollte, mit einer Rute ein paar fühlbare Schläge versetzte, um sie so aus ihrer Trägheit und mangelnden Bußfertigkeit aufzurütteln. Da blieb der Ärmsten nichts anderes mehr übrig, als sich rasch zum Empfang des Bußsakramentes zu entschließen. Aber uns Spätgeborenen will es doch nicht so recht hinab, und wir grollen noch einmal dem düstern Magister.

Geistliche Zucht

Ja, Konrad von Marburg war in seiner Heimatstadt noch mehr der Zuchtmeister Elisabeths als in den Tagen der Wartburg. Es wäre sicher falsch, ihn nur als den prügelnden und Schrecken um sich verbreitenden Fanatiker zu sehen. Wie besonnen und klug er auch sein konnte, hatte er ja in den Verhandlungen mit der landgräflichen Familie bewiesen. Daß er aber auch im religiösen Leben durchaus sinnvolle Forderungen aufstellen konnte, zeigen die zwölf Lebensregeln, die er für Elisabeth und ihre kleine Hospitalgemeinschaft zusammenstellte. Sie lauten:

1. Ertrage geduldig Verachtung in freiwilliger Armut!
2. Laß dir die Demut am Herzen liegen!
3. Laß fahren menschlichen Trost und Lüste des Fleisches!
4. Sei barmherzig gegen den Nächsten!

5. Habe Gott stets in deinem Herzen und in deinen Gedanken!
6. Danke Gott dafür, daß er dich durch seinen Tod von der Hölle und dem ewigen Tod erlöst hat!
7. Weil Gott vieles für dich gelitten hat, so trage auch du dein Kreuz geduldig!
8. Weihe dich, Körper und Seele, ganz deinem Gott!
9. Erinnere dich oft daran, daß du das Werk der Hände Gottes bist, und bestrebe dich daher, daß du auf ewig mit Gott vereinigt werden könnest!
10. Was du willst, daß dir die Menschen tun, das tue du auch ihnen!
11. Denke immer daran, wie kurz des Menschen Leben ist und daß die Jungen so gut wie die Alten sterben. Darum strebe immer nach dem ewigen Leben!
12. Bereue immer deine Sünden, und flehe zu Gott, daß er sie dir vergebe!

Ein wenig negativ hört sich das alles zwar schon an, aber doch auch ausgewogen und inhaltlich richtig. Der Magister Konrad hatte nur wenig Chancen, dieses geniale Herz zu lenken. Trotz der Schelte und Schläge brach sich dieses Herz immer wieder seine eigene Bahn. Verbot Konrad, daß sie mehr als einen Pfennig zum Almosen gebe, gut, dann gab sie eben öfters mal einen Pfennig. Verbot er ihr, überhaupt Geld zu geben, dann gab sie eben große Brote aus. Als er ihr auch diese Großzügigkeit nicht mehr gestattete, dann war sie eben um so häufiger bei den Hungernden, um ihnen die Brotstücke zu geben. Im Grunde kann der Lauf eines solchen Lebens weder beschleunigt noch gebremst werden, und deshalb wirkt der Zuchtmeister so überflüssig

und zwergwüchsig neben dieser Gestalt einer innerlich völlig ungebrochenen und unverratenen Berufung.
«Konrad wird immer noch die ‹Schuld› an der Heiligkeit seines Beichtkindes zugeschoben, und er konnte doch in all diesen Jahren kaum die Zügel dieser Seele meistern, die, viel stärker als seine gefürchtete Strenge, mit unbändiger Einfalt und Sicherheit ihren Weg lief. Er ‹leitet› sie gewissenhaft und planmäßig, mit Gebot und Verbot, gibt ihr Lebensregeln und wacht für die ‹gesunde Vernunft› und legt ihr geheiligte, erprobte Regeln auf und verhängt Bußen und straft sie schwer; und sie tut alles, was er will, gehorsam und gerne, aber man spürt, wie kindlich und belanglos die Dinge schon sind, während sie sie ausführt, wie überflüssig, wie aus der Theorie einer Aszetik geschöpft, während ihr Herz alles längst überflügelt hat.» (Ida Friedrike Görres).
Es mag deshalb in der Planung ihres Seelenführers als eine wichtige und notwendige Etappe der Entwicklung gedacht gewesen sein, als er Elisabeth die beiden Freundinnen Guda und Isentrud wegnahm, Ihre innere Freiheit war schon längst über jenes Maß hinausgewachsen, das darauf besteht, mit wem zusammen eine Sendung durchgeführt werden kann, und mit wem zusammen nicht. Wir wissen nicht, wo die beiden Frauen dann lebten und wirkten. Es scheint aber, daß dieser Ort nicht so weit von Marburg weg war, denn sie besuchten auch in der Folgezeit immer wieder ihre Herrin. An ihre Stelle sollen, so will es der Zuchtmeister, zwei ganz anders geartete Naturen treten, die völlig unverdächtig sind, etwa noch bestehende Anhänglichkeiten zu nähren: «Eine fromme, sehr unansehnliche Jungfrau und eine adelige Witwe, die taub und sehr unfreundlich war,

damit durch die Magd die Demut vermehrt und durch die unfreundliche Witwe Elisabeths Geduld geübt würde» (Konrad von Marburg). Man sieht, da ist System dahinter, und der Baumeister solcher Konstruktionen wird sich zu diesem Einfall beglückwünscht haben, hatte er doch mit dieser Auswechslung nicht nur tugendfördernde Kräfte, sondern auch die unbedingt erforderlichen Überwachungsorgane eingeführt, die ihn von etwaigen Abweichungen seines Schützlings auf dem laufenden halten würden. Elisabeth fürchtete zwar die Strenge des Magisters und sagte zu Irmgard: «Wenn ich schon einen sterblichen Menschen so sehr fürchte, wie sehr muß man dann den allmächtigen Herrn fürchten, den Herrn und Richter aller.» Aber als sie eines Tages durch einen Boten Konrads von einem Weg zurückgeholt wurde, den sie ohne Erlaubnis des Magisters angetreten war, sagte sie zu diesem Boten: «Wir sind wie eine Schildkröte, die sich zur Regenszeit in ihr Haus zurückzieht. So kehren wir im Gehorsam auf unserem Weg um, den zu begehen wir schon begonnen hatten.»
Im Frühjahr 1229 gab Elisabeth ihre jüngste Tochter Gertrud zur Erziehung in das Kloster Altenberg und löste somit das Versprechen ein, das sie zusammen mit ihrem Mann vor dessen Aufbruch zum Kreuzzug gegeben hatte. Ihre Hände waren schon sehr geübt im Loslassen, es mußte ihr nichts mehr entrissen werden. Ihr Leben war schon ganz aus dem Bereich des Habens in den des Seins hineingewachsen. Und dort gibt es von außen her nichts zu holen und zu entwinden.

Elisabeth war, wie alle Liebenden, nicht nur auf die Beseitigung äußerer Not bedacht, sondern hatte immer auch das Verlangen, das Glück ihres Lebens weiterzureichen, also andere glücklich zu machen. Ihre Liebe «um Christi willen» litt nicht unter dem schrecklichen Mißverständnis, es käme vor allem und letztlich allein auf Christus an, und der begegnende Mitmensch sei mehr oder weniger nur Mittel zum Zweck, willkommen eben nur deshalb, weil Jesus es nun einmal gerne sieht, wenn Menschen einander helfen und gut sind. Sie hatte voll begriffen, daß Christus als der verklärte Herr überhaupt nur erreicht werden kann, wenn und im Maß der Menschenbruder als Mensch angenommen und bejaht wird. Nichts wäre verhängnisvoller als das caritative Tun Elisabeths als ein heilsegoistisches Bemühen zu sehen, das die Not der Menschen nur als ein Mittel betrachtet und nutzt, das eigene Verdienstkonto aufzustocken. Obwohl es an solchen Deutungsversuchen nicht fehlt, spricht eine schlichte Tatsache dagegen; die Menschen liebten Elisabeth.

Es muß ganz am Anfang ihrer Marburger Tätigkeit gewesen sein, daß Elisabeth an einem Tag 500 Mark an die Armen austeilte. Viel Volk strömte zusammen, und sie ließ bekannt geben, jeder möge an seinem Platz verharren und nicht versuchen, durch wiederholten Empfang des Almosens andere zu benachteiligen. Zuwiderhandelnden wird zur Strafe das Haupthaar abgeschnitten. Es wird nicht berichtet, wieviele Armen zusammengekommen waren, aber der riesigen Summe (ca. 1 Million DM) entsprechend müssen es sehr viele

gewesen sein. Plötzlich bewegt sich ein junges Mädchen durch die Reihen und wird vor Elisabeth gebracht, die ihr auf der Stelle die schönen Haare abschneiden läßt. Das Mädchen jammert laut auf und sagt, daß es ja gar nicht zu den Almosenempfängern gehört und gar nichts von dem Verbot gewußt habe. Es sei nur gekommen, um seine kranke Schwester im Hospital zu besuchen. Da läßt Elisabeth das Mädchen noch einmal zu sich kommen und fragt sie, ob sie denn nie die Absicht gehabt habe, ein vollkommenes Leben zu führen? Doch, aber im Gedanken an ihre schönen Haare hätte sie dann eventuelle Klostergedanken immer wieder erfolgreich verdrängt. Da meint Elisabeth: «Da ist es mir lieber, du hast deine Haare verloren, als wenn mein Sohn Kaiser geworden wäre!» Und sofort entschloß sich das geschorene Mädchen, der Hospitalgemeinschaft beizutreten und diente noch während des Heiligsprechungsprozesses dort. Sein Name war Hildegund, und sie selbst hat diesen Vorfall zu Protokoll gegeben.
Damit war aber der große Spendentag noch nicht zu Ende. Es zeigte sich nämlich, daß die schwächeren und kranken Armen nicht mehr in der Lage waren, den Heimweg anzutreten und Anstalten machten, auf dem Gelände des Hospitals zu nächtigen. Sofort ließ sie an die Zurückgebliebenen noch einmal je 6 Kölner Pfennige auszahlen, dann gab es Brot, und schließlich meinte sie: «Wir wollen ihre Freude vollkommen machen. Zündet Feuer für sie an!» So versorgt fühlten die Menschen sich glücklich und begannen zu singen. «Seht, ich habe es doch gesagt, wir sollen die Menschen froh machen», jubelt da die freigebige Schwester Elisabeth und war unter all den vielen Beschenkten am reichsten beschenkt.

Da es für den religiösen Menschen keinen Zweifel daran gibt, daß alles von Gott kommt, und daß er selbst nur das weitergeben kann, was er von Gott her empfangen hat, ist es verständlich, daß er weitergeben will und sich darüber freut, es zu können. In dieser Geste des Weiterreichens ist er nämlich ganz in die Bewegungsrichtung der göttlichen Liebe hineingenommen, die sich ganz verschenkt, ohne sich dabei zu verlieren, sondern sich dabei stets neu gewinnt. Die Freude der Schwester Elisabeth ist also letztlich ein Reflex der unendlichen Seligkeit des dreieinigen Gottes.

10. Der Heimgang

Auch die Jahre in Marburg lassen noch eine Struktur des zeitlichen Ablaufs erkennen und rücken die Vorstellung zurecht, als ob mit diesem neuen Leben im Hospital Elisabeth alle Verbindung nach außen abgebrochen hätte und in einen geschichtslosen Zustand eingetaucht wäre. Aber man muß schon etwas genauer hinsehen, um Entwicklungslinien und Geschehniszusammenhänge zu erkennen, die naturgemäß nun nicht mehr den gleichen Öffentlichkeitscharakter haben wie in den Wartburger Jahren!

Zwischen Zeit und Ewigkeit

Zunächst war ja der Alltag im Hospital von all den wiederkehrenden Arbeiten, Gebeten und Sorgen geprägt, die der Zeit eine merkwürdige Leichtigkeit verleihen, und durch die ein Tag wie der andere ist. Wir kennen nicht die Tagesordnung, die man unten an der Lahn befolgte, Tag und Nacht aber spielten in jener Zeit noch eine Rolle, die wir uns heute im Zeitalter der Elektrizität nur noch schwer vorstellen können. Wie es die Hymnen des kirchlichen Stundengebetes heute noch anklingen lassen, lebten die Menschen mit dem Licht, mit seinem Aufleuchten, mit seinem hellen Glanz und mit seinem Erlöschen. Vielleicht war es nichts anderes als dieser unsagbare Zusammenhang von Licht und Leben, die Elisabeths Tränen strömen ließen über ihr lächelndes Angesicht. Beide nämlich, das Licht und das Leben gehen ihren unaufhaltsamen Gang, beide aber fassen sich auch zusammen in dem, der spricht: Ich bin das Licht, Ich bin das Leben ...

Ohne diese einfache Alltagsmystik können wir uns Schwester Elisabeth nicht vorstellen in den langen Stunden geduldiger Arbeit im Krankensaal und an den Notleidenden. Ihr Arbeiten sucht nicht Vergessen und Betäubung, sondern die Harmonie mit dem ewigen Willen Gottes. Dadurch wird alles wichtig und zum «Sakrament des Augenblicks», das Auswaschen einer Wunde, das Bereiten einer Medizin, das Füttern eines Gelähmten, das Wort der Ermunterung, der hurtige Gang am Morgen und der müde Schritt am Abend. Am Krankenbett war Elisabeth sicherlich ein As, dazu hatte sie das gewisse Etwas, das eine Krankenschwester die nur tüchtig ist, von einem Boten des Lichts unterscheidet, der die Finsternis auch dort noch verscheucht, wo die Kunst der Ärzte längst schon am Ende ist. Heute sagt man dazu «Charisma». In der Küche fehlte ihr dies so sehr, daß ihre Dienerin Elisabeth zu Protokoll gab, daß ihre berühmte Namensschwester zwar ab und zu kochte, «aber ganz unschmackhaft, weil sie weder kochen konnte noch das dafür Nötige zur Verfügung hatte. Wegen ihrer überaus großen Armut gab sie sich oft mit wässerigen Suppen aus Hülsenfrüchten oder Krautblättern zufrieden. Diese an sich schon erbärmliche Speise, die sie wegen ihres Betens unaufmerksam zubereitete, schmeckte dann auch noch angebrannt. Wenn die Dienerinnen ihr darüber Vorhaltungen machten, ertrug sie das mit Freuden. Hatte sie einmal etwas Gutes oder besonders Wohlschmeckendes, so versagte sie es sich selbst.» Mag diese Aussage auch noch so sehr im Blick auf die Heiligsprechung und auf das, was man damals dachte, daß es dazu gehört, gemacht sein, so bleibt doch die Vermutung naheliegend, daß die Kochkünste Elisabeths bescheiden waren. Woher hätte sie es auch haben sollen!

«Contraria contrariis curare»

Magister Konrad berichtet: «Die Elendesten und Verachtesten setzte sie an ihren eigenen Tisch, und als ich sie deshalb tadelte, erwiderte sie mir, sie empfange von ihnen sonderlich Gnade und Demut, und als eine zweifellos sehr kluge Frau führte sie ihr früheres Leben vor mir herauf und sagte, sie müsse, was hinter ihr liege, durch das Entgegengesetzte auszugleichen und zu heilen suchen.» Mit dieser Bemerkung läßt uns die Heilige ein wenig hineinblicken in die Motivwelt ihres Denkens und Handelns. Das uralte Prinzip, daß Entgegengesetzte durch Entgegengesetztes geheilt werden müsse, ist ja ursprünglich ein medizinischer Grundsatz, der schon in der Antike aufgestellt wurde und auch heute noch nicht seine Geltung verloren hat. Daß nämlich dem fieberheißen Körper Kühlung nottut, daß zu Dünnflüssiges verdickt und Verhärtetes aufgeweicht werden muß, daß zu langsame Abläufe beschleunigt und zu heftige Aufwallung abgedämpft werden muß, das wird wohl immer das Ziel einer Medizin sein müssen, welche die allein lebensfreundliche Mitte der Körperfunktionen erhalten oder zurückgewinnen möchte. Wenn nun Elisabeth diesen Grundsatz auf ihr geistliches Leben anwendet, dann tut sie eigentlich nichts besonders Originelles. Die ganze ältere Askese ist von dieser Vorstellung geleitet, daß im Blick auf das eigene Leben und seine Versäumnisse oder auch im Blick auf das Leben der gesamten Menschheit mit seinen nicht zu übersehenden Defiziten an Liebe und Gottesverehrung – gleichsam Gegengewichte geschaffen werden müssen, die das Leben wieder um die eine Mitte herum spielen lassen, in welcher es allein Heil finden kann. Obwohl diese Vorstellung nicht ohne gewisse Gefahrenmomente für den praktischen Vollzug religiösen Daseins ist, kann man ihre innere Stimmigkeit kaum in Frage stellen, und ihre erzieherische und dem Rechtsdenken dienende Funktion ist unverzichtbar.

Nun war ja das frühere Leben Elisabeths kein Gegensatz zu dem, was in Marburg ihr Lebensinhalt geworden war. Es ist deshalb eher an den Lebensraum zu denken, in dem sich ihr früheres Leben abspielte und zu dem sie jetzt eine Alternative sichtbar machen wollte. Wo deshalb früher Abstand war zwischen hoch und niedrig, da soll jetzt Nähe herrschen. Das bedeutet für

Elisabeth leben von der eigenen Hände Arbeit, täglichen Umgang mit den Armen, Verzicht auf Privilegien jeder Art. Wo früher Luxus und Eitelkeit den Ton angaben, sollen jetzt Einfachheit und Bescheidenheit alles durchdringen. Herrschten auf der Wartburg Macht und Ruhm, so sollen jetzt Ohnmacht und Verachtung zu erfahrbaren Wirklichkeiten werden. Galt es früher, in der Geschichte ein entscheidender Faktor zu sein und immer mehr zu werden, so geht es jetzt darum, ein immer vollkommeneres Werkzeug zu werden in der Hand des ewigen Gottes.
Läßt man unter diesem Betracht das Verhalten Elisabeths in diesen drei letzten Jahren ihres Lebens auf sich wirken, so versteht man zweifellos besser ihr Verlangen, zu helfen und zu verschenken, Not und Elend zu erfahren, verachtet und gezüchtigt zu werden, mit den Mägden wie mit ihresgleichen zu verkehren. Eine Folgerichtigkeit ganz eigener Art wird sichtbar und eine Bereitschaft, Verantwortung zu übernehmen für das Ganze.

Die Macht des Gebets

Im Spätjahr 1230 weilte Elisabeth im Kloster Wetter, einem 1107 erstmals erwähnten Kanonissenstift. Dort bekam sie von Gertud von Leimbach Besuch, in deren Begleitung sich auch ein Knappe befand, der Berthold hieß und so stutzerhaft gekleidet war, daß Elisabeth ihn tadelte und es zu folgendem Disput kam: «Du scheinst mir wenig klug zu sein. Warum dienst du deinem Schöpfer nicht?» Da erwiderte der verwirrte Knappe: «Herrin, ich flehe euch an, betet für mich, der Herr möge mir die Gnade geben, ihm zu dienen.» Und Elisabeth darauf: «Möchtest du wirklich, daß ich für dich bete?» – «Ja!» – «Du mußt dich aber selbst für die Gnade Gottes bereit machen und ebenfalls beten, dann will ich es gerne auch für dich tun.» Wie nun beide einige Zeit gebetet haben, ruft Berhold: «O meine Herrin, hört auf mit eurem Gebet!» Aber sie betet weiter. Da ruft er von neuem: «Herrin, hört auf, mir schwinden die Kräfte!» Aber erst nach einem dritten Hilferuf und nachdem der Jüngling am ganzen Leib zittert, hört die Heilige mit ihrem Gebet auf. Über Jahresfrist, kurz nach dem Tod der Heiligen, ist er dann auch Franziskaner geworden. Bei dem gleichen Aufenthalt in Wetter soll sich Elisabeth auch einmal einer Frau angenommen haben, die völlig mittellos mit ihrem Mann unterwegs war und vor ihrer Entbindung stand. Elisabeth kümmerte sich sehr um diese Frau und stattete sie mit allem Nötigen aus. Wenige Tage nach der Geburt des Kindes aber war das Pärchen unter Zurücklassung des Säuglings verschwunden. Große Aufregung überall, Boten wurden ausgeschickt, um die Undankbaren aufzuspüren. Vergeblich! Da fleht man Elisabeth an, sie möge sich im Gebet an Gott wenden. Elisabeth aber weiß nicht, ob sie vor einer solchen Bitte erst Magister Konrad fragen müsse, und kann sich deshalb nur zu der Bitte entschließen, es möge in allem der Wille Gottes geschehen. Nach einer Stunde kommt der Vater des Kindes ganz entgeistert zurück und gesteht, daß sie keinen Schritt mehr hätten vorwärts tun können. Er nennt den Ort, wo sich seine Frau aufhält. Sie wird geholt, bestraft, von neuem beschenkt, nimmt nun reumütig ihr Kind an und geht ungehindert ihres Weges davon.

In diesen beiden stark legendarisch gefärbten Berichten ist das zum Thema gemacht, was als stille Grundströmung das ganze Leben der Heiligen durchzieht. Es sind nämlich weniger die paar Gebete, die uns von ihr überliefert sind oder die fromme Chronisten ihr in den Mund gelegt haben, es ist das Leben dieser liebenden Frau selbst, das zum Gebet vor Gott geworden ist. Was sich in der Legende mit Elementen des Volksglaubens zu einem Triumph der bannenden Kraft des Gebetes verbindet, das ist der Ausdruck für die große Nähe, in welcher der Beter zu Gott als dem alles bewirkenden Urgrund des menschlichen Herzens steht. Er bewirkt die Umkehr des Knappen Berthold und der Rabeneltern, weil er das höchste Gut und die vollkommene Liebe ist. Darauf vertraut die Beterin Elisabeth und will deshalb nicht ihren Willen durchsetzen, sondern die Ehre Gottes, wie sie in den drei Vaterunser-Bitten in der Heiligung des Namens, im Kommen des Rieches und im Geschehen des Willens zur Sprache kommt noch bevor von den Anliegen des Menschen die Rede ist. In ihr ist das Bild des dreifaltigen Gottes lebendig, weshalb sie es einmal ablehnt, sich ein solches Bild schenken zu lassen: «Ich brauche ein solches Bild nicht, ich trage es ja im Herzen.»

Versöhnung

Elisabeth hat keinen Groll in sich gehegt wegen des Unrechts, das ihr angetan wurde. In ihrem letzten Lebensjahr zeichnet sich aber auch deutlich eine Verbesserung des Verhältnisses zu ihren Schwägern ab, insofern diese von sich aus bemüht sind, ihre Schwägerin in einem neuen Licht zu sehen. Gut möglich, daß dabei auch machtpolitische Rücksichten eine Rolle spielten, konnte es doch nichts schaden, ein Familienmitglied aufweisen zu können, das immer mehr die Aufmerksamkeit von aller Welt auf sich zog. Jedenfalls mußten Heinrich Raspe und Konrad einsehen, daß ihre Schwägerin doch nicht in dem Sinn «aller Welt Törin» ist, in dem sie Elisabeth einst als hoffnungslosen Fall abgeschrieben hatten, sondern daß in ihr eine Kraft und eine Größe aufleuchteten, die nun immer mehr von Marburg aus in die Zeit hineinwirkten. Jedenfalls liegt eine vom Papst am 11.3.1231 bestätigte Schenkung vor, in welcher die beiden Schwäger dem Hospital in Marburg das Patronatsrecht über die Kirche und die Kapellen der Stadt einräumen. Dadurch kamen die Einkünfte der Pfarrei dem Hospital zugute.

Vielleicht wollte das Brüderpaar aber auch nur gut Wetter machen im Blick auf die Umwandlung der bisher von Heinrich Raspe vormundschaftlich geführten Regierung in eine gemeinschaftlich geführte Regierung, in der alle mündigen männlichen Mitglieder der Familie mit dem Landgrafenamt belehnt sind. Tatsächlich haben die beiden dies noch 1231 zustande gebracht, so daß Elisabeths Sohn fortab nur noch einer innerhalb dieser Troika war, nicht mehr aber der alleinige Thronprätendent, der mit spätestens achtzehn Jahren die Alleinherrschaft übernehmen würde. Dem Gesamtinteresse des Ludowingerhauses mag dieser Plan durchaus dienlich gewesen sein, denn beim Aussterben des Mannesstammes mußte Thüringen an den Markgrafen von Meißen fallen, wie es dann auch nach dem Tod von Heinrich

Raspe geschah, der sowohl seinen Bruder Konrad als auch seinen Neffen Hermann II. überlebte.
Um diese und um andere Fragen wird es wohl gegangen sein, als Magister Konrad im Frühjahr 1231 Elisabeth nach Eisenach kommen ließ. So geschah es jedenfalls, daß die Schwester Elisabeth noch einmal durch die ihr wohlbekannten Dörfer und Städte ritt, die sie zusammen mit ihrem Mann kennengelernt hatte. Es kann sein, daß sie auf der Wartburg nicht nur die Familienmitglieder alle traf, sondern auch die Franziskaner, die um diese Zeit in Eisenach eintrafen, um Franziskus-Reliquien für ihr Hospital direkt aus Assisi zu bringen. Zum letzten Mal ging sie die Wege ihrer Kindheit und Jugend, sah die mächtigen Mauern und das weite Land, betete in den Kapellen ihrer Begnadung, sprach und lachte mit den Kindern, ritt noch einmal hinüber nach Reinhardsbrunn . . .

Ein Lied verklingt

Dem strengen Magister Konrad war es in dieser Zeit gar nicht so gut gegangen. Eine längere Krankheit quälte ihn. Als er eines Tages Elisabeth fragt, wie sie ihr Leben gestalten wolle, wenn er nicht mehr da sei, antwortet sie ihm ruhig, daß diese Sorge ihn nicht zu quälen brauche, denn sie sei es, die vor ihm gehen werde. Vier Tage später wurde sie tatsächlich krank, während der alte Zuchtmeister wieder zu neuen Taten das Krankenlager verlassen konnte.
Die Krankheit Elisabeths dauerte nur zwölf Tage. Wir wissen nicht, was es war, das sie mitten aus ihrem

rüstigen Schaffen und Wirken herausriß. Vielleicht war einfach ihre Lebenskraft aufgebraucht, das Maß der Maßlosigkeit erfüllt. Als recht wahrscheinlich muß man die Vermutungen ansehen, die von einer Tuberkulose sprechen, die ja tatsächlich gerade jungen Menschen immer wieder zum Verhängnis wurde, die keine ausreichenden Abwehrkräfte mehr besaßen.

Eine Magd berichtet: «Als meine Herrin auf ihrem Sterbebett lag, habe ich eine überaus liebliche Stimme vernommen, die wie aus ihrer Kehle kam. Sie lag zur Wand gekehrt, nach einer Stunde wandte sie sich nach mir um und fragte: ‹Wo bist du, Liebe?› Da fragte sie, ob ich es gehört hätte. Als ich das bejahte, fuhr sie fort: ‹Ich sage dir: zwischen mir und der Wand hat ein Vöglein mir überaus fröhlich zugesungen. Sein lieblicher Gesang zwang mich, auch zu singen!› Das war einige Tage vor ihrem Tod.

Drei Tage vor ihrem Tod weist sie die vielen Besucher ab, die ihr Lager umdrängen. Nur ein Bettlerjunge, dem sie einmal eine schlimme Hautkrankheit gesund gepflegt hatte, darf an ihrem Bett sitzen bleiben. Nun wollte sie sich ganz in das Leiden Christi versenken und der Strenge des Gerichtes gedenken.

... Sie legt ihre Beichte ab, hat sich aber keiner Verfehlung anzuklagen, die sie nicht schon mehrfach bekannt hätte,

Sie vermacht den Armen, worüber sie noch verfügen kann,

Sie wünscht, in der Kutte begraben zu werden, die sie trug

Sie empfängt die Kommunion

Sie spricht über das Beste, was sie in den Predigten gehört hat, besonders über die Auferweckung des Lazarus
Sie fühlt sich schwach, nicht krank.

Kurz vor der Morgendämmerung des 17. Novembers, als der erste Hahnenschrei Nacht und Nebel des Lahntals durchdringt, sagt Elisabeth: «Siehe, die Stunde steht bevor, da die Jungfrau geboren hat.» Kurz bevor sie dann in den Schlummer fällt, aus dem sie nicht mehr erwachen sollte, murmelt sie noch: «Nun ist die Zeit gekommen, da der allmächtige Gott seine Freunde zu sich rufen wird.»
Über ihrem Sterben liegt etwas von der Gelöstheit, die auch die Begegnung mit Bruder Tod kennzeichnet, die der kleine Arme von Assisi fünf Jahre zuvor in der Portiuncula zu bestehen hatte. Ihr Leben der reinen und unverminderten Hingabe war wie ein Lied aufgestiegen zum Lob des einzig Preiswürdigen. Beim Verklingen der letzten Strophe war es klar, daß keiner mehr den Klang vergessen würde, der diese Weise vernommen hat, sei sie nun ergangen auf den Fluren Umbriens oder in den Schlössern und Hütten Thüringens. Lieder voll Bitterkeit und Süße, Lieder des Lebens und des Sterbens, Lieder für Gott.

TEIL III: DIE HEILIGE

Die heilige Elisabeth ist zweifellos eine der populärsten Heiligen der katholischen Kirche. In ihrer Gestalt fassen sich Anliegen und Sehnsüchte zusammen, die mit dem Menschsein selber gegeben sind: Adel, Mutter, Jugend, Brot und Liebe. Und in all dem Gott. Das kurze Leben dieser Frau des 13. Jahrhunderts ist in sich schon groß und bewundernswert, aber es ist zugleich auch Kristallisationskern, um den herum sich die Sinngestalten und Bedeutungsfiguren bilden können, die sonst nicht sichtbar würden. Es gilt deshalb, dieses Leben nicht nur als eine Biographie zu erfassen, sondern auch als eine Wirkungsgeschichte in den Räumen der Kirche, der Geschichte und der menschlichen Seele. Erst dann wird von Elisabeth gesprochen, wie sie uns heute anspricht und verpflichtet, wenn sie als Gestalt, also in ihrer Stellung begriffen wird, die ihr im Lauf der Jahrhunderte zuwuchs und in der sie ihrerseits die Generationen gestaltete.

11. Die Kirche erkennt sich in Elisabeth

Es dauerte keine vier Jahre bis zur Heiligspechung Elisabeths am 27.5.1235. Es war Pfingstsonntag, und Papst Gregor IV. weilte in Perugia.

«Nichts Lebendigeres als ein toter Heiliger»!

Als Elisabeths Tod am 17. November 1231 in Marburg bekannt wurde, strömte viel Volk zum Hospital am Lahnufer, um die «Mutter der Armen» noch einmal zu sehen, die in der Kapelle des Hospitals aufgebahrt war. Die Dienerinnen berichten:

> «Mit dem grauen Gewand bekleidet, das Gesicht mit Tüchern umwunden, lag sie da. Aus Frömmigkeit und um Reliquien vor ihr zu haben, lösten und rissen sehr viel Leute Teilchen von den Tüchern, schnitten ihr Haupthaar und Nägel ab, einige stutzten ihr die Ohren, andere schnitten ihr sogar die Brustwarzen weg.»

Wie immer man solches Vorgehen, das den Tatbestand von Leichenschändung erfüllt, auch aus heutiger Sicht beurteilt, es meldet sich darin eine Hoffnung an, die unausrottbar ist. Wenn einer von uns Gott so nahe gekommen ist, daß in seinem Leben Gottes Liebe erfahrbar wurde, dann ist das für uns alle gut. Dann ist es wichtig, mit diesem einen in Verbindung zu bleiben und womöglich ein Unterpfand dieser Verbundenheit zu haben in Form eines Teils der Hülle, in der diese heilbringende Begegnung Gottes mit dem Menschen stattfand. Deshalb das wilde Verlangen nach Reliquien, die weniger die Spur in die Vergangenheit freihalten als vielmehr den Blick in die Zukunft vor Abschweifungen bewahren sollen. Für die Menschen, die an diesem Novembertag vor und in der Hospitalkirche beten und lamentieren, ist Elisabeth jetzt schon eine Heilige.
Elisabeth wurde am 19. November, einem Mittwoch, in der gleichen Kapelle, in der sie aufgebahrt war, begra-

ben. Am folgenden Tag wurde an ihrem Grab ein Zisterziensermönch von einer Gehirnkrankheit geheilt und beeidete das vor Konrad von Marburg und dem Pfarrer der Stadt. Am 30. November wurde ein Blinder aus Marburg sehend. Damit stand für die Menschen fest, daß es sich bei Elisabeth um eine Heilige handelt, die zu Großem in der Lage ist. Wallfahrten setzen ein und werden von der «Basis» kräftig gespeist. Die Geistlichkeit und die gesellschaftliche Oberschicht hält sich noch weitgehend zurück. Aber die Verehrung zieht schnell immer größere Kreise, und schon im folgenden Jahr sorgte der Magister Konrad dafür, daß die kleine Hospitalskapelle durch eine 34 Meter lange, in Stein aufgeführte Kirche ersetzt wird, die am 11. August 1232 durch den Erzbischof Siegfried von Mainz wiederum auf den heiligen Franziskus geweiht wird. Diesmal wohnen die beiden Landgrafen Heinrich Raspe und Konrad der Feier bei.

Im Anschluß an den Festgottesdienst präsentiert Konrad von Marburg dem überraschten Erzbischof 60 Menschen, die bezeugen können, daß ihnen am Grab der Heiligen Heilung widerfahren sei. Den Bericht von der Bezeugung dieser Wunder des ersten Jahres schickt dann der rührige Magister zusammen mit einer kurzen Lebensbeschreibung Elisabeths nach Rom, um so deren Heiligsprechung zu beantragen.

Wahrscheinlich war Papst Gregor IX. diese schnelle Art des Magisters Konrad überhaupt nicht recht, denn am 13. Oktober 1232 beauftragt er den Erzbischof Siegfried von Mainz, Abt Raimund von Eberbach und Magister Konrad, ein neues Zeugenverhör durchzuführen. Er legt seinem Schreiben ein Formular bei, das den

Ablauf der Vernehmungen bis ins einzelne festlegt. Die somit ernannte und mit genauen Anweisungen instruierte Kommission macht sich an die Arbeit, verhört 600 Zeugen und zieht aus dem gesamten Material 105 Wunder heraus, die sie dann zusammen mit wiederum einer kurzen Lebensbeschreibung nach Rom schickt. Leider fehlt auch diesmal dem Bericht jegliche Systematik, denn Konrad von Marburg hat einfach die Protokolle abgeschrieben, ohne sie weiter aufzubereiten.
Sei es diese schlampige Form des Berichts, sei es die Ermordung Konrads am 30. Juli 1233, der Prozeß gerät ins Stocken und kommt erst wieder durch die Berufung einer neuen Kommission in Gang, die durch eine päpstliche Bulle vom 14. Oktober 1234 den Bischof Konrad von Hildesheim, den Abt Hermann von Georgental und den Abt Ludwig von Hersfeld zur Wiederaufnahme des Verfahrens beruft. Hinter dieser Maßnahme steht nicht nur der Deutsche Orden als solcher, sondern auch der Landgraf Konrad, der in diesem Jahr dem Deutschen Orden beitrat und im Sommer an der päpstlichen Kurie weilte. Dieser neuen Kommission wird das gesamte Aktenmaterial, das nach Rom gegangen war, zugestellt und die Auflage gemacht, eine Lebensbeschreibung der Landgräfin zu liefern, die aus wirklichen Zeugenaussagen besteht und so das Bild ergänzt, das Konrad von Marburg entworfen hatte.
Am 1. Januar 1235 kommt es also zu dem so wichtigen Verhör der beiden ehemaligen Hofdamen Guda und Isentrud sowie den Dienerinnen Irmgard, Elisabeth und Hildegundis. Die Protokolle über die Wunder werden gesichtet und geordnet und um 24 neue Wunderberichte ergänzt. Eine Gesandtschaft, der auch Konrad

von Thüringen angehört, macht sich auf den Weg nach Italien und trifft dort den Papst in Perugia. In der zweiten Maihälfte kommt es dort zu einem Konsistorium zahlreicher Patriarchen und Kardinäle, Erzbischöfe und Bischöfe sowie anderer Prälaten. Ihnen allen werden die Protokolle verlesen, und sie alle sind dafür, daß Elisabeth in das Verzeichnis der Heiligen aufzunehmen sei. Damit war das eigentliche Prozeßverfahren zu Ende, und es wird aus den Quellen ersichtlich, daß man in Perugia erstaunt war, daß plötzlich alles so reibungslos vonstatten ging.
In der Dominikanerkirche von Perugia kommt es also am Pfingstsonntag 1235 (27. Mai) zur feierlichen Heiligsprechung Elisabeths, und der Papst selbst, der den Festgottesdienst leitet, verfaßt zum Fest der neuen Heiligen ein Meß-Offizium, das bis zur Liturgie-Reform nach dem 2. Vatikanischen Konzil in Gebrauch war.

Der Deutsche Orden

Eine Macht, die weit über den Heiligsprechungsprozeß hinaus das Bild der heiligen Elisabeth bestimmen sollte, trat 1234 auf den Plan: der Deutsche Orden. Elisabeth selbst hatte vor ihrem Sterben verfügt, daß die Johanniter ihr Hospital übernehmen und weiterführen sollten. Daß nun nach dem Tod Konrads nicht sie, sondern die Deutschen Ordensherren das Hospital übernehmen, ist eindeutig ludowingische Hauspolitik. Im gleichen Jahr war nämlich auch der Landgraf Konrad in den Deutschen Orden eingetreten. Zwar hatte es Konrad von Marburg noch erreicht, daß eine päpstliche Schiedskommission am 2.8.1232 alle Ansprüche der Johanniter zurückwies, nun aber war es sein Namensvetter von der Wartburg, der die Übertragung des Franziskushospitals und der Pfarrkirche an den Deutschen Orden betrieb. Im gleichen Augenblick war auch nicht mehr der Erzbischof von Mainz, sondern der alte Hausfreund der Ludowinger, Bischof Konrad von Hildesheim, der Leiter einer neuen Kommission, die das Verfahren wieder aufnahm. Die Verbindung der Ludowinger mit dem Deutschen Orden war eine denkbar innige. Der Gemahl Elisabeths, Ludwig IV., hatte noch 1226 am Kaiserhof in Cremona mit dem Hochmeister Hermann von Salza Pläne von weitreichender Bedeutung bezüglich der Eroberung Preußens besprochen. Diesem Ritterorden mußte es sehr gelegen kommen, daß er mit einer populären Heiligen seine Geltung in der damaligen Zeit festigen konnte. Seine Beziehungen zur päpstlichen Kurie und zu Kaiser Friedrich II. waren damals kaum weniger gut als die zu den Ludowingern, und so kann es nicht erstaunen, daß mit dem Eingreifen dieser straff organisierten Truppe alles sehr schnell geht. Am 27. Mai 1235 die Heiligsprechung, am 30. Mai die Ablaßbulle für den Bau der Elisabethkirche, am 1. Juni die Kanonisationsbulle, am 4. Juni die Bestätigung verschiedener Besitztümer, welche die Landgrafen Heinrich und Hermann dem Deutschen Orden geschenkt hatten, durch den Papst, am 14. August Grundsteinlegung für die großartige Ordens- und Wallfahrtskirche, am 1. Mai 1236 die feierliche Übertragung der Gebeine der Heiligen dorthin. Wenige Jahre später ist die Ordenskommende Marburg Sitz der Ballei Hessen, die zu den vornehmsten des ganzen Ordens gehörte.

Wer waren diese Ordensritter, und warum muß man ihnen eine gewisse Vereinnahmung Elisabeths zum Vorwurf machen? Wie die Johanniter und Templer aus den Kreuzzügen zum Schutz und zur Pflege von Pilgern und Kreuzfahrern gegründet, konnte der Deutsche Orden erst zu Beginn des 13. Jahrhunderts als selbständiger Orden die Anerkennung der Kirche finden. In seiner eigenartigen Mischung von religiösen, caritativen und militärischen Zielsetzungen, ist er vor allem ein Machtinstrument von nahezu konkurrenzloser Perfektion. Es geht nicht darum, den religiösen Idealismus der Adeligen zu verkennen, aus denen sich diese Gemeinschaft rekrutiert. Man muß aber die Eigengesetzlichkeit sehen, mit welcher sich dieser Orden zum Ordensstaat in Ostpreußen und zu einem der mächtigsten Territorialherren im Reich entwickelte.
Wenn man bedenkt, daß der Landgraf Konrad nicht nur dem Deutschen Orden beitrat, sondern 1240 auch sein Hochmeister wurde, dann kann man schon ermessen, was es für diesen ranghöchsten Adeligen im Orden bedeuten mußte, seine eigene Schwägerin zur zweiten Patronin des Ordens erheben zu können. Daß die arme und zutiefst franziskanische Heilige aber im denkbar schroffsten Gegensatz stehen mußte zu den stolzen, machtbewußten und waffenklirrenden Deutschherren, das mag ihn wenig berührt haben. Die hohe «frowe» mag da im Vordergrund gestanden haben, und sie hat immer wieder die religiöse Gestalt Elisabeths mit Lichteffekten umgeben, die oft genug den Kern ihres Wesens vergessen ließen.

Huldigung an eine Frühvollendete

Bei der glanzvollen Feier der Erhebung und Übertragung der Gebeine Elisabeths am 1. Mai 1236 handelte es sich nicht um die Übertragung in die neue Wallfahrtskirche, die ja erst 1283 fertig werden sollte, sondern um die äußere Konsequenz der Heiligsprechung. Zur «Ehre der Altäre erhoben» zu sein, hatte auch für die sterblichen Überreste zur Folge, daß sie nicht mehr im alten Grab verbleiben, sondern in einen kostbaren Schrein umgebettet und für die Verehrung des Volkes zugänglich gemacht werden. Der Leichnam Elisabeths ruhte in einem Erdgrab in der Franziskuskapelle und wird nun in einen Bleisarg, der seinerseits von einem eichenen Sargkasten umschlossen ist, zum Altar vorgetragen. Die eigentliche Zeremonie spielte sich also ganz in der Franziskuskapelle ab, neben welcher die Fundamentierungsarbeiten für die große Wallfahrtskirche schon voll im Gang waren. Selbstverständlich ist auch der für die damalige Feier verwandte Schrein nicht identisch mit dem heute noch zu bewundernden Elisabethschrein, der in den Jahren 1236 bis 1249 entstand.

Was nun den Ablauf und das Ausmaß dieses glanzvollen Festes angeht, so stehen die Chronisten ganz in der Faszination des Teilnehmers, der als der «stupor mundi» (Staunen der Welt) alles andere überstrahlte. Tatsächlich gehört es ja zu den rätselhaften Taten dieses undurchsichtigen Kaisers, daß er eigens zu diesem Zweck nach Marburg angereist kommt, im grauen Büßerhemd selbst den Bleisarg (wenn auch symbolisch) aus dem Grab hebt, ihn zum Altar geleitet und dort das Haupt der Toten mit einer Krone schmückt.

Hören wir selbst die vergleichweise maßvolle Darstellung des Dietrich von Apolda.

«Nachdem der Heilige Vater, Gregor IX., sie so feierlich heiliggesprochen hatte, regte der Heilige Geist die Herzen der Gläubigen an, die Gebeine der nun mit Christus Herrschenden aus dem einfachen Grab zu erheben und an einen würdigeren Ort zu übertragen, der ihrer großen Heiligkeit besser entspräche. An dem für die Übertragung festgesetzten Tage kamen unzählige Bischöfe, Fürsten, Edelleute, Prälaten, Ordensleute, Kleriker sowie viele Männer und Frauen zusammen. Als dann die Erde aufgegraben und der Sarg geöffnet war, verbreitete sich nicht wie bei anderen Gräbern übler Fäulnis- und Verwesungsgeruch, sondern der Duft heiliger Reinheit, der die Umstehenden erbaute und erfreute. Ordensleute und andere zu diesem Dienst bestimmte Männer traten hinzu, erhoben mit großer Andacht und Ehrfurcht die heiligen Gebeine, legten sie in eine Bleilade, die darauf verschlossen und von den Bischöfen gewissenhaft versiegelt wurde.

Dabei waren anwesend der damalige ruhmreiche Kaiser Friedrich, umringt von Fürsten und Rittern. Um Elisabeth zu verherrlichen, schenkte er eine Krone zu Ehren ihrer königlichen Würde. Auch Heinrich, der erlauchte Landgraf und Fürst der Thüringer, mit seinem Bruder Konrad und seiner Mutter Sophie und anderen Männern und Frauen aus dem Adel umstanden die von Wundern umblühte Grabstätte der Elisabeth und spendeten ehrfürchtig ihre Gaben und ehrten sie mit Gebeten.

Außerdem nahmen mit frommer Ehrfurcht an der festlichen Freude dieser Übertragung teil: der berühmte Erzbischof Siegfried von Mainz mit seinen Suffraganen sowie die hochwürdigsten Erzbischöfe von Köln und Trier mit vielen anderen Bischöfen.

Aus verschiedenen Nationen, Völkern und Sprachen war eine so erlesene und so große Zahl dort versammelt, wie sie in den Ländern Deutschlands an einem einzigen Ort kaum jemals versammelt sein konnte oder wird versammelt sein können. An Opfergaben wurde so überfließend gespendet, daß man sie kaum schätzen konnte.»

Ein solcher Tag, der keinesfalls mit den Augen eines modernen Menschen in seiner ganzen Festlichkeit erfaßt werden kann, mußte tief und unwiederbringlich das Bild der heiligen Königstochter und Landgräfin beeinflussen. Vereinten sich doch um die sterblichen Überreste der Heiligen nicht nur der Erzbischof Siegfried von Mainz und der Deutschordens-Bruder Konrad, die sich drei Jahre zuvor noch in einem wüsten Kriegszug bekämpft hatten, sondern da war eben auch der Kaiser, der wie alle Hohenstaufer das Gefühl für Rang und Majestät hatte und vermittelte. Wenn er, der so oft im Kirchenbann war, sich an der Spitze einer religiösen Massendemonstration zur heiligen Elisabeth bekennt, dann ist das nicht nur eine zündende Geste, sondern eine Verknüpfung der Elisabethverehrung mit der Reichsidee, die sich auch immer wieder zu Wort melden sollte in all den Jahrhunderten der Elisabethverehrung. Übrigens hat der Kaiser nach dieser Feier an den Generalminister Elias von Cortona, der oft zwischen ihm und dem Papst vermittelte, einen Brief geschrieben, in dem er einige interessante Gedanken zu seinem Verhältnis der neuen Heiligen gegenüber ausspricht. Obwohl er die Wunder, die von ihr bezeugt seien, nicht anzweifle, würde es ihm auch ohne solche Wunderberichte nicht schwer fallen, das heilige Leben der Gattin seines Vetters Ludwig zu preisen. «Wir rufen auch in allem den Urheber der Wahrheit zum Zeugen dafür an, daß uns hierzu nicht die Liebe zu einem nahen oder entfernten Verwandten, sei sie adelig oder nicht, sondern allein die heilige Ehrfurcht veranlaßte, die uns durch das, was wir mit gläubigen Augen sahen, ergriff.» Mit der Bitte, ihn in die Gebetsgemeinschaft der Minderbrüder aufzunehmen, schließt dieses denkwürdige Schreiben, das nicht nur ein Beispiel für Friedrichs Umgang mit kirchlichen Gruppierungen ist, sondern auch etwas von dem Kraftfeld ahnen läßt, in das hinein die heilige Elisabeth von Anfang an gestellt ist.

Zeichen der Zeit

Ein Chronist spicht von 1200000 Menschen, die sich an jenem 1. Mai im Lahntal drängten. Die Menge dieser Namenlosen ist nicht weniger eine gestaltende Kraft wie die großen Einzelpersönlichkeiten und die einzelnen Grupen, die sich und ihre Anliegen in der neuen Heiligen dargestellt finden. Zu letzteren gehören sehr bald auch die Franziskaner, denen es selbstverständlich nicht entgangen sein kann, daß Elisabeth ganz auffallend die Ideale der Armut, der Brüderlichkeit, der Buße und der Freude gelebt hat. Und deshalb begegnen uns schon unmittelbar nach diesem Ereignis vom 1. Mai 1235 Darstellungen, in denen ganz unauffällig Deutungen vorgenommen werden, die das Leben und die Gestalt der Heiligen dem Franziskanertum (minoritos) zuordnen. Wenn es z.B. bisher immer hieß, Elisabeth habe das graue Kleid getragen, so heißt es jetzt, sie habe das graue Kleid der Minderbrüder angenommen. Das ist zwar von der Sache her nicht falsch, muß aber früher oder später zu Vorstellungen führen, die nicht zutreffen. Und diese allmähliche Vermischung der Unterschiede ist beabsichtigt und vermag ja auch wirklich Zusammenhänge sichtbar zu machen, die auf der Ebene der Idee bestehen, nicht aber auf der Ebene der kirchen rechtlichen Zugehörigkeit.

In all diesem menschlich-allzumenschlichen Ringen um geistliche «Marktanteile», sollte aber nicht das vitale Interesse übersehen werden, das eine Gestalt wie Elisabeth in den Herzen der großen Masse, in einzelnen Gruppen und Persönlichkeiten weckt, mit ihr sich gut zu stellen, ja in ihr sich selbst vor Gott und der Welt darstellen zu können. Die Kirche selbst, zu der ja all diese Menschen gehören und gehören wollen, erkennt sich freudig in dieser jugendlichen Heiligen, schöpft neuen Mut und dankt Gott. Das tun sie alle auf ihre Art und unter eben je verschiedenen Rücksichten, aber letztlich doch als die eine Christenheit, in deren Namen Papst Gregor IX. nach der Heiligsprechung an die Königin Beatrix von Kastilien schon geschrieben hatte:

«In diesen Tagen hat Gott uns mit einem bewundernswerten Geschöpf beschenkt, das sich selbst in der Glut der Nächstenliebe durch gute Werke verzehrte. Dieses auserwählte, Gott geweihte Wesen, ist die heilige Elisabeth. Sie liebte Gott so über alle Maßen, daß sie die Armen und Schwachen in seinem Namen nährte, und Christus selbst mit drei Broten beschenkte, die ihr der himmlische Freund in der Nacht der Drangsal gewährt hatte: dem Brot der Wahrhaftigkeit, der Nächstenliebe und des Mutes ... Sie ist wahrhaftig ein verehrungswürdiger Mensch, ein Werk des allmächtigen Gottes, bewundernswert in ihrer demütigen Haltung, ihrer Beherrschtheit und der Innigkeit ihrer menschlichen Hingabe, um deretwillen sie alle Zeitalter achten werden.»

Der eine sagt es im blumigen Kurialstil, ein anderer in volltönender Kanzleisprache, ein anderer singt ein Lied und nochmal ein anderer ist nur ganz voll freudiger Gewißheit, daß diese Heilige für ihn Fürsprache einlegt bei Gott. Entscheidend ist nicht die Art und Weise, sondern die Tatsache, daß die Kirche insgesamt in der

Zeit und in den Bedrängnissen, in denen sie damals lebte, sich in Elisabeth wiedererkennt und gleichsam im Blick auf ihre Gestalt wieder mehr zu sich und ihrem eigensten Wesen findet.

Verstreut in alle Welt

Die Reliquien der Heiligen haben einen eigentümlichen Gang durch die Jahrhunderte angetreten und müssen heute als weitgehend nicht mehr historisch nachweisbar bezeichnet werden. 1249 wurden die Gebeine aus der alten Franziskuskapelle in den damals schon fertiggestellten Ostchor der neuen Wallfahrtskirche überführt, wo sie in dem heute noch zu sehenden Schein ihren Platz fanden. Es steht aber fest, daß in den drei Jahrhunderten bis zur Plünderung dieses Schreins durch Landgraf Philipp 1539 beträchtliche Teile der Reliquien dem Schrein entnommen und an andere Kirchen und Klöster verschenkt wurden. So wissen wir, daß Elisabeths Tochter Sophia von Brabant bei den Erbstreitigkeiten mit dem Markgrafen Heinrich von Meißen 1250 als Schwurunterlage auf den Altar der Katharinenkirche in Eisenach eine Rippe ihrer Mutter benutzte. Auch sonst zeichnen sich durch Europas Hochadel Reliquienpfade ab, auf denen vom Inhalt des Elisabethschreins einiges bis Italien (Udine), Österreich (Wien) und Frankreich (Besançon) gelangt ist.
Was aber die gewaltsame Öffnung des Schreins durch den hessischen Landgrafen Philipp am 18. Mai 1539 betrifft, so müssen wir einerseits dem Fürsten, der in seinem Land die Reformation eingeführt hatte, zugestehen, daß er aus Gewissensnot heraus handelte, anderer-

seits ist es keine Frage, daß er damit den Deutschen Orden, den er ansonsten nicht anzugreifen wagte, schlichtweg beraubt hat. Daß er dabei auch sich selbst als einem Nachkommen Elisabeths keinen guten Dienst leistete, mag sein Problem bleiben. Aber daß er den Deutschen Orden, der sofort wirksam und mit Unterstützung von Kaiser Karl V. protestierte, anlog und behauptete, er habe die Gebeine auf dem Friedhof an verschiedenen Stellen verscharren lassen, das ist ein zusätzlicher und höchst unrühmlicher Makel im Verhalten dieses Bilderstürmers. In Wirklichkeit waren nämlich die Gebeine noch da und wurden am 12. Juli 1548 dem hessischen Landkomtur von Rehen durch den Statthalter an der Lahn, Georg von Kolmatsch, im Beisein des Vizekanzlers Johann Eisermann ausgehändigt, und zwar: «ein haupt mit kinbagken, item funf rorlein klein und gross, item ein riebe, item zwei schulterbein und sonst ein brait bein.» Die Reliquien wurden nicht mehr in den Schrein zurückgelegt, sondern in der Sakristei der Elisabethkirche aufbewahrt. Vom Deutschmeister Erzherzog Maximilian von Österreich seien sie, so will man in der Ordenskanzlei von Mergentheim im Jahr 1643 wissen, an andere Orte weggeführt worden.

Vergleicht man das Schicksal des Grabes und der Reliquien dieser großen Heiligen mit dem des im gleichen Jahr verstorbenen Antonius von Padua, so liegt der Unterschied auf der Hand. In Padua das Grab des Santo, das auch heute noch die Menschen anzieht kraft des Zeichens, mit dem der tote Leib das bezeichnet, was in Gott vollendet ist. In Marburg der leere Schrein, der zum Zeichen geworden ist für eine letzte Armut, in der Elisabeth sich ganz verschenkt hat.

Ein französischer Mönch des 13. Jahrhunderts hat es offenbar auf dem Gewissen, daß Marburg immer wieder, aber völlig zu Unrecht, unter die großen Wallfahrtsorte der Christenheit gezählt wird. Von ihm stammt nämlich die Mutmaßung, daß das Marburger Heiligengrab «eine fast so große Wallfahrt aus allen Provinzen im Umkreis wie zum hl. Jakobus» aufzuweisen habe. Allerneueste Forschungen aber zeigen deutlich, daß schon zwei Generationen nach dem Tod der Heiligen von einer Wallfahrt in der Größenordnung von Santiago de Compostela oder auch nur von Aachen oder Einsiedeln nicht mehr die Rede sein kann. Ja, daß sogar in Marburg selbst die Elisabethverehrung sehr bald erlahmte. Die heilige Elisabeth trat ihren Siegeszug durch die Christenheit auf anderen Wegen an.

Legenda

Will man die ursprüngliche Funktion und den Wortsinn von dem, was im Mittelalter eine Legende ist, erfassen, dann muß man sich mit der Maßnahme Bonaventuras befassen, der als Generalminister der Franziskaner alle bisherigen Darstellungen des Franziskuslebens vernichten läßt und 1265 die Legenda maior und die Legenda minor als die einzig legitimierten Darstellungen des Lebens von Franz von Assisi veröffentlicht. Damit beging er in den Augen der modernen Literaturforschung eine barbarische Unduldsamkeit. Von ihm aus gesehen war das nur konsequent. Die Vita (das

Leben) eines Heiligen wird im Mittelalter nämlich zunächst einmal aufgezeichnet als eine vita legenda, als ein Heiligenleben, das vorgelesen werden soll zur Erbauung und zum Nutz und Frommen der religiösen Gemeinschaft. Weil der Generalminister Bonaventura aber feststellen mußte, wie die sehr verschiedenen Darstellungen vom Leben des Heiligen von Assisi in seinem Orden auch ständig den Gegensatz zwischen Spiritualen und Konventualen verschärfte, deshalb schrieb er die Legenda maior, damit sie bei Tisch verlesen und die Legenda minor, damit sie als Lektionen der Mette während der Franziskusoktav zu Gehör gebracht würden. Damit soll endlich einmal der Streit aufhören, wer das bessere Bild von seinem Ordensvater habe!
Legenden hatten so einmal einen ganz praktischen und theologisch auch wohl begründeten Sinn. Sie sollten den Menschen Orientierung geben, ja letztlich das Geheimnis des christlichen Daseins an Hand eines gelungenen Lebens beispielhaft vor Augen führen. Deshalb mußte möglichst deutlich von der Vortrefflichkeit des gottverbundenen und von der Verwerflichkeit des gottvergessenen Lebens gesprochen werden. Es mußten also die Geschehnisse im Leben des jeweiligen «Helden» so unterstrichen werden, daß auch bei intensivster Befassung mit Suppenschüssel und Fleischplatte der springende Punkt noch klar zutage trat. Eine Tischlesung muß etwas bringen, wenn ihr zugehört werden soll. Was im Leben tatsächlich geschah, aber vielleicht ein wenig blaß und kompliziert war, das muß sehr einfach und wunderbar, plakativ und unerhört ins Bewußtsein treten. Das Eingreifen Gottes darf nicht erst über anstrengendes Nachdenken spürbar werden,

sondern muß so naheliegend und allen Widerständen zum Trotz sieghaft den Weg des Tugendhelden zum Ziel führen, daß es die Mühseligen und Beladenen, die da zuhören, so richtig erfrischt und zur Räson bringt. Legenden lügen deshalb auch dort nicht, wo sie etwas behaupten, was wirklich nicht stattgefunden hat. Sie sind dann lediglich falsch informiert. Im Grunde sind sie unermüdliche Erzähler, die sich immer wieder etwas Neues einfallen lassen, um die allmählich erlahmende Aufmerksamkeit des verehrten Publikums wieder zu mobilisieren. Und immerhin wollen sie ja über Jahrhunderte hinweg fesseln und begeistern und letztlich eben zu Gott führen. Für den Legendendichter ist alles, was er sagt, im Sinn einer höheren Wahrheit wahr. Ihm geht es ja gar nicht darum, einen Menschen historisch getreu zu schildern, sondern den Heiligen als einen Erhöhten im Licht seiner Heiligkeit voll zur Geltung zu bringen. Der Legendendichter hat – wie natürlich auch sein Leser – eine «Idee des Heiligen», und es ist seine Aufgabe, in möglichst spannender und bewegender Weise seinen Helden mit dieser Idee in Deckungsgleichheit zu bringen. Da kann es zu gut gemeinten Übertreibungen oder auch zu Streichungen kommen, da gibt es auch so etwas wie Entleihungen und geheime Bündnisse mit anderen Gestalten und Traditionen, die eben auch nicht zu verachten sind. Das Schlimmste was einer Legende passieren kann, ist deshalb nicht der historische Irrtum, sondern der religiöse Substanzverlust. Auch der kommt vor.

Elisabeth ist eine sehr normale, wenn auch religiös überragende Frau. Im Prozeß der Legendenbildung ist sie ein wahres Wunderkind, das mit Leichtigkeit die Tücken der Erdenschwere überwindet und sich voller Anmut und Hoheit der Möglichkeiten bedient, die ihr in ihrer Liebe zu Gott offenstanden. An keiner einzigen Stelle der frühen Berichte über ihr Leben erscheint so etwas wie ein Wunder, im Sinn einer wunderbaren Heilung, Vermehrung oder Verwandlung. Nach ihrem Tod, an ihrem Grab, ja, da geschehen Wunder reihenweise. Aber dort ist es ja auch klar, wer die Wunder wirkt und auf wessen Fürsprache sie geschehen. Daß aber ein Mensch zu Lebzeiten Wunder wirkt, davor scheut der mittelalterliche Mensch zurück. Da muß ganz gründlich gebetet worden sein, Segnungen und Beschwörungen müssen zu Hilfe genommen sein, mit einem Wort, Vermittlungsinstanzen müssen namhaft gemacht sein, sonst ist das nichts als Zauberei und gotteslästerliche Magie.

Über diese Vermittlungswege von Gebet und Segnung, von Sakrament und gutem Werk glaubt nun die Legendenbildung, es wagen zu können, einiges von dem reichlich vorliegenden Material an Wunderberichten, die sich auf die Zeit nach dem Tod der Heiligen beziehen, auch in deren Leben selbst hinein verweben zu dürfen. Es soll ja deutlich gemacht werden, daß Elisabeth in einer einzigartigen Nähe zu Gott stand, und daß sich daran grundsätzlich durch ihren Tod nichts geändert hat. Im Gegenteil! Warum also die Tischlesung nicht ein wenig mit all den schönen Sachen würzen, die doch in ausführlichen Wunderberichten, hoch beeidigt und von höchster Stelle bestätigt, vorliegen? Und so können wir etwa einen blindgeborenen Jungen, der am Grab der heiligen Elisabeth langsam, aber echte Heilung gefunden hat, auf seinem unaufhaltsamen Vormarsch bewundern, in dem er immer sensationeller gesund wird und dabei immer mehr an die lebende Landgräfin herangelangt, bis daß sie ihm selbst die Hand auflegt und seine Augen nur so aufbrechen unter der Macht ihres Gebetes. 1345 hört sich das so an:

«Als einmal viele Frauen bei Elisabeth zu Besuch waren, wurde ein Kind gebracht, das keine Augen hatte. Da machte ihm Elisabeth ein Kreuzzeichen über das Antlitz. Dann gab es ein großes Geräusch, wie wenn zwei große Hölzer brechen, und das Kind bekam zwei schöne Augen und wurde sehend.»
(Hermann von Fritzlar).

Andere Wunder wurden aus der Motivwelt der Märchen und der Träume herbeigeschafft und zur Verdeutlichung und frommen Mahnung in das Leben der Heiligen hineinkomponiert. An der Vorstellung der vornehmen und schönen Landgräfin entzündet sich das Kleiderwunder. Woher nämlich sollte die Heilige die für ihre Repräsentation notwendige Garderobe haben, wo sie doch alles immer wieder wegschenkt? Da hilft nur ein Wunder. Und so kann denn Elisabeth unbedenklich ihre Prachtkleider und Mäntel herschenken. Wenn es darauf ankommt, verwandelt sich entweder ihr schäbiges Gewand in ein strahlendes Festkleid oder der Mantel, den sie eben noch einem Bettler verschentk hat, hängt unangetastet in der Kammer, als hätte er gar nicht den Besitzer gewechselt. «So kleidete der himmlische

Vater seine Lilie Elisabeth, daß selbst Salomo in all seiner Pracht es nicht so vermochte», deutet Dietrich von Apolda dieses himmlische und unfehlbare Versicherungssystem.

Beim gleichen Chronisten begegnet uns auch das Klingsor-Motiv, das in der Voraussage der Geburt Elisabeths durch den berühmten Zauberer eine Verknüpfung mit dem Leben der Heiligen erfährt, die zugleich den sagenhaften Sängerstreit auf der Wartburg anklingen läßt. Grundsätzlich ist damit sogar in Parallele zur sogenannten Franz-Theologie der Ansatz zu einer Elisabeth-Theologie gegeben, denn so wie die frühen Franziskusbiographen bemüht waren, das Auftreten und das Wirken ihres «Helden» in heilsgeschichtlichen Dimensionen darzustellen, so weist hier der Dominikaner auch darauf hin, daß mit dieser Weissagung durch Klingsor Elisabeth ähnlich vorausgeschaut und angekündigt wurde wie Jesus durch die Prophezeiung des Bileam (vgl. Num 22ff).

Und das berühmte Rosenwunder? Wie hier die Wege genau verliefen, ist wirklich schwer zu sagen. Es ist heute wohl nicht mehr die früher gegebene Erklärung zu halten, daß es sich dabei um einen Übergang bzw. um eine Verwechslung der Legende handelt, die ursprünglich mit Elisabeth (Isabella) von Portugal (1271–1336) verbunden ist. Tatsächlich tauchen nämlich die ersten Versionen dieser Legende im Lauf des 13. Jahrhunderts auf und zwar in recht verschiedener Ausgestaltung. Wir begegnen da sowohl dem Typ des ertappten Kindes, das einmal von seinem Vater in Ungarn, das andere Mal vom Landgrafen Hermann II. gefragt wird, was es denn da in seiner Schürze aus der Küche herau-

strage? «Rosen» schwindelt die Kleine sowohl in Preßburg als auch auf der Wartburg. Und beidesmal sind es dann auch wirklich Rosen. Die Verlobte und Gattin, auf die hier später diese Begebenheit abwandert, darf natürlich nicht mehr zu einer Notlüge greifen. Jetzt ist es aber auch der geliebte Ludwig, der sich für den Inhalt der Schürze bzw. des unter dem Mantel verborgenen Krugs interessiert. Das einemal antwortet Elisabeth auf die Frage ihres Verlobten mit der Gegenfrage: «Glaubst du, daß es Rosen seien, mein Freund?» Und das andere Mal deckt Elisabeths Gatte einfach die Mäntel auf, mit denen seine Frau und ihre Mägde die Krüge umhüllt hatten, in denen sie den Armen Speise bringen wollten.
Es zeigt sich nun, daß ein Franziskaner aus Mittelitalien, der sich in seinem Elisabethleben auch sonst durch besondere Bildfreude und Phantasie auszeichnet, zeitlich am frühesten (Mitte 13. Jahrhundert) dieses Motiv anklingen läßt. Bei ihm heißt es: «Die heilige Elisabeth gab den Armen schon als kleines Mädchen, soviel sie konnte. Als sie aus der Küche weggenommene Speisen forttrug, wurden in ihrer Schürze Frühlingsblumen gefunden, durch Gott verwandelt.» Könnte es nicht sein, daß aus dem Land des Poverello, wo heute noch in Portiuncula die dornenlosen Rosen zu bewundern sind, in die hinein sich einst Franz von Assisi stürzte, und aus dem Land der «Fioretti» (Blümlein) dieses Gebinde kam als Huldigung an die geistliche Schwester des Armen von Assisi?
Etwas anders verhält es sich bei der anderen großen Legende in der Vita der heiligen Elisabeth, die von einem Verwandlungswunder spricht. Der Gekreuzigte nämlich, der statt des Aussätzigen im Bett des Landgra-

fen liegt, ist kein Symbol wie die Rose, sondern die Wirklichkeit selbst, um die es geht. Und wenn dieses Wunder auch durch Jesusworte und viele Legenden der Heiligen (Traum des hl. Martin nach der Mantelspende) kräftig gespeist ist, dann ist es doch in diesem Zusammenhang erstmalig bei Elisabeth zu finden. Zwar wuchert auch dieses legendarische Erzählstück munter drauflos, bis es im 15. Jahrhundert den Kranken sprechen läßt «Wollt ihr, daß ich genese und gesund werde, so müßt ihr mich in des Fürsten Bett legen.» Im Unterschied zum Rosenwunder aber verhindert das Bild des Gekreuzigten in seinem unausweichlichen Ernst eine Verflüchtigung ins Lieblich-Poetische, sondern hält die ganze Spannung durch, die in einer Liebe liegt, die Gatte und unbekannten Aussätzigen in gleicher Weise annimmt. Die Fluchtwege sind weitgehend abgeschnitten, und die Achse, um die das ganze Leben der Heiligen schwingt, ist so zentral aufgerichtet, daß auch der Leser unmittelbar in seinem Glauben betroffen wird, während er beim Rosenwunder genießen darf. Vielleicht wollte eine Nebenform der Legende diese Härte umgehen und läßt deshalb den Landgrafen, der die Bettdecke wegzieht, vor einem Strauß frischer und duftender Rosen stehen. Rosen sind die Lotusblüten des Westens. Sie passen immer.

Eine Gestalt von solcher Anziehungskraft wie die der heiligen Elisabeth betritt bei ihrem Gang durch die Geschichte kein Niemandsland, sondern ein von Interessen, Vorurteilen und Ängsten dicht besetztes Gelände. Sie kann gar nicht verhindern, daß sich da etwas an ihr Gewand anhängt, dort ihr was mitgegeben und anvertraut wird. So ist es klar, daß ihre Gestalt ganz von selbst die allseits beliebte Figur der bösen Schwiegermutter anlockt. Die Legende kümmert sich wenig um die Tatsache, daß die Landgräfin Sophie eine vielleicht humorlose, aber sehr fromme Frau war. Ihr geht es vielmehr darum, ihre Heldin auf dem düsteren Hintergrund noch strahlender erscheinen zu lassen. Deshalb muß ihr Leben auch in unmittelbare Nähe des Martyriums gerückt werden, denn Märtyrer zu sein ist nach wie vor ein Ideal, das zusammen mit der Jungfräulichkeit so leicht nicht fehlen darf, wenn es um Verehrung und Huldigung geht. Und wer könnte übersehen, wie Elisabeth schon als Kind zu leiden hatte wegen ihrer Frömmigkeit! Wie hat man sie gekränkt und verfolgt! Wie war ihr ganzes Leben eine einzige Passion! Caesarius von Heisterbach untermauert solches Bestreben auch noch theologisch mit Berufung auf den heiligen Gregor, der von drei Arten des Martyriums schreibt, nämlich durch Vergießung von Blut, durch beständige Abtötung des Fleisches und durch Mitleiden mit dem Nächsten.

«Alle drei Arten hat Elisabeth erfahren. Denn sie geißelte sich mit scharfen Ruten bis aufs Blut, tötete täglich ihren Leib ab durch Nachtwachen, Fasten, Beten und viele andere Unbequemlichkeiten, so daß man mit dem Propheten sagen konnte:

Um deinetwillen werden wir gemordet Tag um Tag, behandelt wie Schafe, die zum Schlachten bestimmt sind. (Ps 44,23) Daß Elisabeth von ganzem Herzen mit den bedürftigen Nächsten, Kranken und an irgendwelchen Nöten Leidenden Mitleid hatte und an deren Elend litt, zeigen genügend die vorangehenden Beispiele; aber auch die folgenden schweigen nicht über dieses Martyrium Elisabeths.»

Uralte Sichtweisen der Märtyrerkirche verbinden sich hier mit ganz aktuellen Themen der Kreuzzugsfrömmigkeit und der bleibenden Wahrheit vom Kreuz Christi zu einem drängenden Anliegen, dem sich die Gestalt der heiligen Elisabeth weder zu Lebzeiten noch auf ihrem Gang durch die Jahrhunderte verschließen konnte. Durch dieses weit geöffnete Tor der Teilnahme am Leiden Christi war es all den sentimentalen und wehleidigen Stimmungen der Erbaulichkeit ein Leichtes, in den Lebensraum zu gelangen, in dem die Gestalt der heiligen Elisabeth weiterwuchs.

Im weiteren Verlauf dieses Wachstumsprozesses wurde auch der Einfluß des Franziskanischen auf die Gestalt der heiligen Elisabeth immer stärker, denn immer mehr gewann dieser neue Orden eine gewisse Monopolstellung in Sachen Armut. Deshalb ist es ein ganz natürlicher Vorgang der Heimholung, wenn diese Frau, die dieses Ideal in so überzeugender Weise gelebt hat, die den Franziskanern nahegestanden hat und ihr Hospital dem Gründer dieses Ordens geweiht hat, mit allerlei legendarischen Beigaben bedacht wird, die ihre Zugehörigkeit zu diesem Orden als Tertiarin ins rechte Licht setzen. Es sind ja immer nur Millimeterdrehungen notwendig, um die tatsächlich vorhandene Prägung im Geist des Armen von Assisi so zu verdeutlichen, daß

Elisabeth eben nicht nur dem Geist, sondern auch dem Buchstaben nach eine Franziskanerin ist. Dem dient sowohl die Legende von dem Mantel, den Franz auf Zureden von Papst Gregor IX. Elisabeth geschickt haben soll, als auch der Bericht von der Blutreliquie aus der Stigmatisation des Heiligen, die derselbe Papst Elisabeth geschickt haben soll. Und als einmal Elisabeth mit vier Minderbrüdern zusammensaß und einer davon den Gesprächskreis verließ, sagte sie: «Laßt ihn gehen, er gehört nicht zu uns!» Da sagt also die Heilige in aller nur wünschenswerten Deutlichkeit, wozu sie selbst sich rechnet. Deutlicher geht's nicht mehr.

Mag es auch oft mühselig und aussichtslos erscheinen, die dicken Übermalungen abzulösen, die sich im Lauf der Zeit auf der Gestalt der heiligen Elisabeth in Form von Legenden abgelagert haben. Letztlich lohnt sich diese Arbeit immer, denn selbst dort, wo es nicht mehr möglich sein sollte, die originale Linienführung freizulegen, reden die immer neu zutage tretenden Schichten von den Kräften und Mächten, in deren Magnetfeld die Heilige geriet. Man muß es nur lesen können.

13. Vergegenwärtigungen in Wort und Bild

Wie die Legende so wollen auch die gesamte Literatur und das Kunstschaffen, die sich in den nachfolgenden Jahrhunderten der heiligen Elisabeth zuwenden, im Grunde nur eins: Vergegenwärtigung und Heraufbeschwörung einer Gestalt, von der gespürt wird, sie darf der Kirche, der Menschheit nicht verlorengehen. Aber nicht als kostbares Museumsstück, sondern als eine unmittelbare Begegnung soll sie den Menschen nahe kommen und bleiben. Neben dem freischaffenden Walten der Legenden sind es deshalb die Meßformulare und Reimoffizien zu ihren Ehren, die Predigten, Hymnen und Lieder, die Romane und Dramen, die Biographien und Gedichte, die mit den Mitteln der Sprache ihr Gedächtnis lebendig erhalten. Auf dem Gebiet der bildenden Kunst aber begegnet uns ihr Bild in einer solchen Fülle der unterschiedlichsten Gestaltungen, daß es schon großer Kennerschaft bedürfte, um den ganzen Reichtum ansichtig zu machen, der sich seit dem 13. Jahrhundert angesammelt hat in Malerei und Skulptur, in Schnitz- und Goldschmiedearbeiten, auf Teppichbildern und in der Druckgraphik. Von ihr plaudern die Buchmalereien, von ihr künden die großen Bildprogramme der Kirchenfenster und der Altäre, von ihr singt und klingt es in Franz Liszts Oratorium «Die heilige Elisabeth».

IM WORT

Wie die anderen großen Heiligengestalten des Mittelalters hat auch Elisabeth erst wieder zu Beginn des 19. Jahrhunderts im Geist der Romantik das Interesse der literarischen Welt gefunden. Bis dahin war es die hagiographische Welt der Viten und der Legenden, der Liturgie und der Volksfrömmigkeit, die das Leben und das Vorbild der heiligen Landgräfin zur Sprache brachten. Nun aber erwacht das geschichtliche und das völkische

Interesse an den großen Gestalten der Vergangenheit und damit auch die Frage: Wie war es denn nun wirklich mit dieser Frau aus dem 13. Jahrhundert?

Die Anfänge

Noch ganz unter dem Eindruck der Aufklärung steht das lebenslange Forschen des lutherischen Theologen *Karl Wilhelm Justi,* der 1797 in Zürich sein Werk «Elisabeth die Heilige, Landgräfin von Thüringen» erscheinen läßt. Angeregt durch die Zeugnisse seiner Heimatstadt Marburg versucht er, das Bild der Heiligen so darzustellen «wie es, entlastet von den Zügen, welche Wahn und religiöse Schwärmerei ihm liehen, der unbefangenen Beobachtung erscheinen muß.» So geht der Forscher daran, die Quellen zu sichten und gegeneinander abzuwägen. Er macht kritische Einwendungen gegenüber dem «rohen, unchristlichen Geist in dem Betragen ihres geistlichen Zuchtmeisters», bewundert an Elisabeth «die unbegrenzte Mildtätigkeit und eine Demut, die an Schwachheit grenzte, Bescheidenheit und ungemeine Zähigkeit, edle Duldung in Widerwärtigkeiten, die oft in freiwillige Aufopferung überging.» Er lehnt aber auch entschieden «ihre überspannten Begriffe von menschlicher Heiligkeit» und «ihre schwärmerische Selbstpeinigung» ab. Dagegen ist es ihm klar: «Ein ungewöhnliches religiöses Gefühl lag in ihrem Innern», «ein hoher christlicher Sinn» ist ihr eigen.

Ganz zufällig kommt dann 1833 am Fest der hl. Elisabeth der französische Graf *Charles René Comte de Montalembert* nach Marburg und findet dort die Elisabethenkirche offen; er wird von der Gestalt der Heiligen fasziniert und beschließt, eine Elisabeth-Biographie zu schreiben. Mit ihm bemächtigt sich die Romantik der großen Heiligen, und der neu entdeckte Sinn für mittelalterliche Legenden sowie für die Gotik prägt das Werk, das der Katholik 1836 in Paris veröffentlicht, und das ein Jahr später ins Deutsche übersetzt wird: «Leben der heiligen Elisabeth von Ungarn» (Aachen und Leipzig 1837). Aus dem Geist dieses begeisterten Verehrers der Heiligen sind die Elisabeth-Fresken von Moritz von Schwind auf der Wartburg geschaffen. Montalembert anerkennt und bewundert durchaus den Sinn der freiwilligen Selbstentäußerung, welche die Landgräfin auf sich genommen hat. Aber entscheidend ist für ihn doch Elisabeth, die edle Fürstin einer edlen Zeit. Die Tränen sitzen ihm locker, wenn er vom Undank spricht, den diese Heilige geerntet hat.

«Dennoch aber verblieb ihr selbst in dem Lande, das ihren Ruhm vergaß oder verleugnete, eine schönere und lieblichere Huldigung, als ihr sonst vielleicht jemals geworden ist. Einem kleinen, wie sie demütig und bescheidenen Blümchen gab man den Namen Elisabethen-Blümchen (Cystus helianthemum): es schließt seinen Kelch am Abend, wenn das Licht der Sonne verschwindet, wie Elisabeth ihre Seele allem verschloß, was nicht ein Strahl der Gnade und des Lichtes von oben war.»

Die protestantische Geschichtsforschung der folgenden Jahrzehnte findet es immer wieder bemerkenswert, wie in den beiden Helden der Wartburg, Elisabeth und Luther, «zwei kirchliche Heroen der Liebe und des Glaubens» zu sehen sind, die «einst an derselben Stätte gelitten, gebetet, gesiegt, gearbeitet und gesegnet hat-

ten» (A.F.C. Vilmar). Nach K.F.A. Kabins fehlt aber «ihrer unruhig bewegten Seele der Ankergrund des rechtfertigenden Glaubens. Sie fand keine Ruhe, weil sie auf dem Wege der Heiligung suchte, was allein die Gnade Gottes dem Glauben gibt.» Auch entdeckt man den «Zusammenhang von Elisabeths Tugend der Barmherzigkeit und Weltverachtung mit dem Geist, der nicht lange vorher durch Franz von Assisi von Italien ausgegangen war.» (H. Mielke)
Gegenüber dieser außerordentlich verdienstvollen Forschungsarbeit, der es aber letztlich doch um fachhistorische Bewältigung einer versunkenen Welt ging, stellt «Die gekreuzigte Barmherzigkeit» des badischen Volksschriftstellers *Alban Stolz* 1876 ein Zeugnis der Betroffenheit dar, das unumgängliche Bedeutung hat für jede tiefere Erfassung der heiligen Elisabeth. Die Art und Weise, wie dieser katholische Theologe sich um so manches Forschungsergebnis einen Deut kümmert, mag manchen ärgern, wie er aber einfach und direkt die Mystik dieses Lebens zur Sprache bringt, ist zu bewundern. Ebenso die schlichte Konsequenz: «Wer es über sich bringen kann, im Angesichte dieser barmherzigen Frau Elisabeth nichts zu tun, der ist inwendig tot und trägt das Urteil in sich, welches die Unbarmherzigen beim Gericht treffen wird. Halte sich jeder auf die rechte Seite.»

Geburtstagsgaben

Zur 700. Wiederkehr des Geburtstages von Elisabeth lagen also schon gute und tüchtige Forschungen sowie klare und mutige Huldigungen vor, als mit *Albert Huyskens* und *Karl Wenck* zwei Gelehrte von Rang und Einfluß die Diskussion über den Wert der Quellenschriften zu führen begannen, von deren Resultaten auch heute noch die Elisabethforschung zehrt. Der katholische Historiker auf der einen und der evangelische Theologe auf der anderen Seite brachten viel Ordnung in die Quellenlage und in die Details des Elisabethlebens. Auch die Gestalt des Konrad von Marburg erfährt in diesen Jahren eine erste, von Polemik befreite Darstellung in der Studie von *P. Braun.* Der Beichtvater der heiligen Elisabeth und deutsche Inquisitor Konrad von Marburg (1909). Mit gutem Erfolg schaltet sich auch der deutsche Franziskaner *P. Leonhard Lemmens* in diese produktive Phase der Grundlagenforschung ein. In seiner Untersuchung «Zur Biographie der hl. Elisabeth» (1901) rückt er vor allem auch die Bedeutung der Legendenquelle ins Licht, die in der Vita «Beata Elisabeth filia regis» eines unbekannten Franziskaners aus der Toskana des 13. Jahrhunderts sprudelt.

Frauen über eine heilige Frau

An diese wichtige, aber für einen breiteren Leserkreis weniger interessante Zwischenstufe der Elisabethliteratur sollte hier nur kurz erinnert werden. Für das religiöse Elisabethbild sind ganz andere Bücher von entscheidender Bedeutung geworden. Und sie wurden vor allem von Frauen geschrieben. 1931, das 700. Todesjahr der Heiligen, ist für diese Art von engagierter und kenntnisreicher Befassung mit dem Leben und der Gestalt Elisabeths, das Startzeichen. Da ist *Maria Maresch* mit ihrem auch heute noch lesenswerten Buch «Elisabeth von Thüringen, Schutzfrau des deutschen Volkes» (Bonn 1931). Ihr gelingt es vortrefflich, das Problembewußtsein zu wecken für eine Heiligengestalt, die viel zu schade dafür ist, entweder süßlich verkitscht oder in einer kurzsichtigen Art aktualisiert zu werden. Sie nimmt vielmehr den Leser bei der Hand und führt ihn hinein in eine Welt, die uns in beunruhigender Weise fremd und auch wieder wohl bekannt ist. Das Leben als Wagnis und unauflösbares Rätsel wird spürbar, und die überlegene Kraft, in der eine junge Frau dieses Wagnis annimmt und das Rätsel in Glauben, Hoffnung und Liebe aushält. Dazu viel Information, Hinführung und Erläuterung. Wenn auch einige Akzente heute anders gesetzt werden müssen, bleibt es das repräsentativste Buch, das auf katholischer Seite zum Jubiläumsjahr 1931 erschien. Elisabeth, eine Heilige der Entscheidung für ein Leben, das zählt.

Ganz anders *Elisabeth Busse-Wilson* «Das Leben der heiligen Elisabeth von Thüringen. Das Abbild einer mittelalterlichen Seele» (München 1931). Sie will mit der Methode der Psychoanalyse, «das alte, echte Ikon der Landgräfin aus der Verkleidung mit der aufdringlichen Krone und den verhüllenden Goldplatten herausschälen, den wahren Heiligkeitscharakter.» Für sie ist es klar, daß alle Historiker und Hagiographen bisher den Tendenzüberlieferungen der Quellen auf den Leim gegangen sind, und sie nun, versehen mit der Heilslehre S. Freuds, endlich einmal die Dinge beim Namen nennen muß. In Wirklichkeit besteht nämlich die ganze Tragödie darin, daß mit Elisabeth eine hundertprozentige Masochistin auf einen hundertprozentigen Sadisten (Konrad von Marburg) trifft. Und bei einem solchen Zusammentreffen gibt es nur Selbstvernichtung mit all den schauerlichen Begleiterscheinungen und Überhöhungen. «So hat der christlich überbaute Fetischismus des mittelalterlichen Massenmenschen, der noch ganz im magischen Zeitalter lebte, bewirkt, daß die arme Frau Elisabeth, die im Leben sich selbst nicht helfen konnte, jahrhundertelang anderen geholfen hat – allein durch die Suggestion, die von der heidnischen Zauberkraft ihrer Reliquien ausstrahlte. Die wirkliche Heiligkeit ihrer Persönlichkeit interessierte im Mittelalter niemanden.»

Daß solche, in glänzender Darstellungskunst vertretene Ansichten durchaus nicht ohne Wirkung blieben, zeigt etwa Otto Karrer, der im Rückblick auf das Jubiläumsjahr meint: «Nach 700 Jahren ihrer Verehrung als Heilige scheint uns Elisabeth heute zum Rätsel zu werden. Hinter dem Bild der milden, in Tränen lächelnden Caritas-Schwester, das uns ergreift und tiefen Eindruck auf alle Jahrhunderte gemacht hat, tauchen die Umrisse eines zweiten Gesichts auf, voll Grauen – Erbarmen suchend.» Es ist eben nicht leicht, die Spannung auszuhalten, in die hinein der moderne Mensch geführt wird in der Begegnung mit einem solch radikalen Christen wie es Elisabeth war.

Wiederum eine katholische Schriftstellerin hat im gleichen Jahr den Versuch unternommen, in einem

«Gespräch um die heilige Elisabeth. Ein Dialog über die Heiligkeit» (Frankfurt 1931), den Geheimniskern der Heiligen einzukreisen: *Ida Friederike Coudenhove.* In diesem mit viel Glaubensfreude geführten Gespräch geht es um die alten Fragen des Christentums, wie sich Natur und Gnade zueinander verhalten, was eigentlich der Mensch ist und worin sein Gelingen besteht. Wie kaum eine andere Autorin läßt sie sich durch nichts beirren, wenn sie von Elisabeth sagt: «Das Wesentliche an ihrem Menschentum ist, daß sie eine große Liebende war, ein geniales Herz von unerhörter Kraft und Selbstverschwendung; das Wesentliche an ihrem Christentum ist, daß sie eine Heilige war, und das bedeutet buchstäblich dasselbe: eine große Liebende, ein geniales Herz von unerhörter Kraft der Selbstverschwendung.» Solche Aussagen sind natürlich nur durchzuhalten, wenn sehr bald auch von Gott gesprochen wird, wie er sich geoffenbart hat im Kreuz Christi. Heiligkeit verschwendet sich dann tatsächlich in Gott hinein und verliert gerade deshalb sich nicht, weil Gott die Liebe ist. Deshalb gilt von Elisabeth: «Ihr Abstieg ist ein erschreckend lebendiges Bild vom Abstieg Gottes in den Abgrund der Menschennot. Natürlich geschieht das nicht bewußt und programmhaft, es fragt sich, ob das überhaupt möglich und erlaubt wäre. Elisabeth wird Schritt für Schritt hineingedrängt durch die äußeren Umstände wie durch das eigene Herz, in dem Gott immer mächtiger wird, bis ihr Leben ... das Seine spiegelt.»

Und noch eines anderen Buches sei gedacht, das wegen der Ungunst seines Erscheinungsjahres weniger bekannt ist, als es seiner Qualität entspricht: *Idamarie Sollt-*

mann, «Elisabeth von Thüringen. Gloria Teutoniae» (Würzburg 1940). In raschen und sicheren Strichen umreißt Solltmann die Gestalt Elisabeths, die sie bewußt in der Nähe der Legende beläßt, um ihr die Distanz zu sichern, die sie braucht, um keinen Verwechslungen zum Opfer zu fallen. Dabei ist sie aber nicht bereit, Legendarisches auch dort noch anklingen zu lassen, wo die Forschung deren Fragwürdigkeit dargetan hat. In der Mischung von Nüchternheit und innigem Gedenken liegt der Reiz dieses Grußes, den die Jugendbewegung der Heiligen entboten hat.

Und sonst?

Die Literatur über Elisabeth ist riesig. Hunderte von Titel wären zu nennen, ganze Bibliotheksschränke mit all den dramatischen und romanhaften Darstellungen ihres Lebens zu füllen. «Wartburgklänge» sind heute zwar selten geworden, erklangen aber in der ersten Hälfte unseres Jahrhunderts überaus munter und ausdauernd. Jedes Gedächtnisjahr zeigt von neuem, wie beliebt und umfangreich, aber auch wie fragwürdig im allgemeinen die Schriftstellerei über diese Heilige ist. Vor allem der hagiographische Roman und das Bühnenstück haben sich als regelrechte Massengräber der Hoffnungen und Erwartungen erwiesen.
Dennoch wäre es undankbar, nicht doch noch die Frauen und Männer zu erwähnen, die es sich zum Anliegen werden ließen, Elisabeth in unsere Tage hinein zu vergegenwärtigen. An erster Stelle muß da *Walter Nigg* erwähnt werden, dem es wie keinem anderen in den

letzten dreißig Jahren gelungen ist, die Heiligen wieder zu einem Thema moderner Bewußtseinsbildung zu machen. Viermal hat er in den Jahren von 1963–1979 die heilige Elisabeth in Essays skizziert, und immer hat er das Unbequeme und Provozierende ihres Lebens einem Christentum vor Augen gehalten, das in Gefahr ist, die Tragweite seiner Berufung zu verkennen bzw. zu verweigern. Deshalb gilt für ihn: «Der Wille zur bewußt christlichen Existenz ist das verbindende Element zwischen Elisabeth und uns ... Welche Dimensionen eine christliche Existenz in sich schließt, und in welche geistigen Abenteuer man sich stürzt, wenn man sich das Christ-Werden zur Aufgabe stellt, das führt uns Elisabeth elementar und eindrücklich vor Augen.»
Eine Begegnung mit Elisabeth ermöglichen aber auch die in sich sehr verschiedenen Werke von *Jeanne Ancelet-Hustache,* Sainte Elisabeth de Hongrie (Paris 1946), von *Gisbert Kranz,*Elisabeth von Thüringen wie sie wirklich war (Regensburg 1979), von *Elfriede Kiel,*Die Gottesliebende St. Elisabeth (Leipzig o.J. [1966], von *Ortrud Reber,* Die heilige Elisabeth. Leben und Legende (St. Ottilien 1982). Allen diesen zeitgenössischen Versuchen der Vergegenwärtigung eignet ein hohes Maß an Einsicht in die bezwingende Kraft und innere Konsequenz dieses kurzen Lebens. Im Vorwort zu dem schönen Katalogband: Sankt Elisabeth. Fürstin, Dienerin, Heilige, den die Philipps-Universität Marburg zum 750. Todestag der Heiligen herausgab, kann deshalb ohne Übertreibung festgestellt werden: «Die heilige Elisabeth zählt zu den wenigen Gestalten des Mittelalters, deren Erinnerung sich bis in die heutige Zeit unvermindert lebendig erhalten hat. Weit über den kirchlichen

Bereich hinaus ist Elisabeth zu einem Sinnbild tätiger Nächstenliebe geworden, und sie gehört seit langem zu den großen Vorbildern aus der Vergangenheit.»

IM BILD

Weit mehr noch als in den sprachlichen Versuchen der Vergegenwärtigung ist uns die heilige Elisabeth in den Werken der darstellenden Kunst nahe geblieben. Das Geheimnis der Heiligkeit braucht ja einen Raum der Stille, den ihm die Gebilde aus Form und Farbe in einem umfassenderen Sinn gewähren können als das gesprochene oder geschriebene Wort. Hinzu kommt, daß Elisabeth nie Eintritt gefunden hat in die Bereiche der großen Dichtung, daß sie aber von Anfang an Gegenstand der großen europäischen Kunst war, die bis zum 16. Jahrhundert nicht aufgehört hat, ihr in meisterhaften Werken zu huldigen. Orcagna, Cavazzola, Botticelli, Memling, van Eyck, Wohlgemut, Dürer, Holbein, Murillo, Riemenschneider, das alles sind Namen, welche die ganze künstlerische Aussagekraft ihrer jeweiligen Zeit repräsentieren. Das Schönste aber schufen die Namenlosen der ersten Jahrzehnte.

Die Bildprogramme

Selbstverständlich ist die Elisabethkirche in Marburg insgesamt eine Vergegenwärtigung der Heiligen und ihrer Welt, wie sie kein noch so einfühlsames Geschichtswerk über das 13. Jahrhundert zu geben vermag. Wie in diesem frühgotischen Bau Raum empfunden und gestaltet wird, wie Licht eingesammelt und verteilt, Baumasse in Bewegung gesetzt und einer einheitlichen Idee untergeordnet wird, das alles spricht machtvoll von dem Geist der Hinwendung des Menschen zu dem, was er selber nicht ist. Eigentlich sollte jeder, der zu diesem vornehmen Gotteshaus pilgert, um Elisabeth verehrend zu begegnen, zuerst einmal diese Geste ruhiger und zugleich ekstatischer Anbetung auf sich wirken lassen, die da Stein geworden ist auf dem Grundstück des früheren Hospitals. Dann sieht er besser und wesentlicher die ältesten Bildnisse, die wir von der heiligen Elisabeth haben.

Der wegen seiner harmonischen Architekturwirkung zu Recht ganz hoch eingestufte *Reliquienschrein* entstand zwischen 1236 und 1249. Auf den beiden Dachflächen dieses Schreins haben wir je vier silbergetriebene Reliefs, die Elisabeth darstellen in den verschiedenen Szenen ihres Lebens. Die Heilige, die uns hier entgegentritt, ist noch ganz frei von jeder höfischen Geziertheit, die uns später so oft in ihren Bildnissen begegnen wird. Nirgendwo eine Krone oder sonst ein Zeichen der Herrschaft, durchgängig nur die Zuwendung, in der die fast nonnenhaft gekleidete Frau die leiblichen Werke der Barmherzigkeit an den Armen tut, die genauso wie sie selbst die Reliefffläche füllen. Das Gesicht der Heiligen wirkt immer sehr gesammelt und drückt Sendungsbewußtsein und ruhige Gefaßtheit aus. Bei der Szene der Almosenverteilung ist der Strick der Franziskanerkutte deutlich, ja fast überbetont in die Gewandfalten hineingesetzt. Beim Abschied von ihrem Gatten wirkt die Gestalt fast wie erstarrt, alt und stumm. Erst beim Füßewaschen, Almosengeben, Füttern und Pflegen gewinnt sie eine Lebendigkeit, welche die Szenen von innen her beseelt. Nirgendwo geschehen Mirakel, überall nur Hingabe und Bereitschaft, Dienst und Gemeinschaft. Die Elisabeth, die aus diesen Silberplatten hervorgetrieben wurde, ist eine ganz schmucklose und praktische Frau, die vollauf beschäftigt ist mit der Hilfe, zu der sie sich aus dem Innersten ihres Wesens getrieben weiß.

Auch der andere Bildzyklus der Elisabethkirche ist sehr alt und stammt aus der Mitte des 13. Jahrhunderts. Er füllt das *Südostfenster* des Chores und steht mit dem Inhalt des Bildprogramms auf dem Schrein in einer sehr engen und nicht zu übersehenden Verbindung. Sehen wir einmal von der Fensterrose ab, welche die Krönung des hl. Franziskus und die Krönung der hl. Elisabeth durch Maria darstellt, dann begegnen uns in dem großen Farbteppich des Fensters zwölf Medaillonfenster. Von ihnen stehen sieben in direkter Verbindung mit sieben Reliefs auf dem Schrein, so daß schon vermutet wurde, sie seien nach den gleichen Zeichnungen gearbeitet. Überhaupt bieten diese sehr schönen Medaillons den Kunsthistorikern immer wieder neuen Anlaß, ihren Scharfsinn an ihnen zu erproben. Uns kann es hier genügen, die Gestalt der Heiligen auch in diesen Bildnissen in großer Einfachheit und mitmenschlicher Hingabe zu finden. Vieles, was uns in den Silberreliefs auf dem Schrein nicht sofort in seiner Aussageabsicht klar wird, erfährt hier durch die kräftigen Farben der Glasmalerei eine hilfreiche Unterstützung. Als Schilderung von Geschehnissen, die an der gleichen Stelle vor denen sich zutragen, die jetzt diese leuchtenden Bilder bewundern kommen, kam es dem Meister darauf an, möglichst viel seelisches Erleben sichtbar zu machen und Mitgefühl und Freude, Leid und Verlorenheit in Haltung und Gesichtsausdruck aufscheinen zu lassen. Und das ist ihm auch großartig gelungen.

Im Zeitalter der Farbfotographie und der bis zur Vollkommenheit entwickelten Reproduktionsmethoden, ist es nicht verwunderlich, wenn gerade diese beiden Bildprogramme die Szene beherrschten, als es 1981 darum ging, das Bild der Heiligen wieder ins Bewußtsein zu bringen.

Ein dritter Bildzyklus, nahezu zwei Jahrhunderte jünger als die beiden Marburger Reihen, machte ihnen dabei allerdings ernsthaft Konkurrenz. Die 23 Eichenholztafeln, die im *Heilig-Geist-Hospital in Lübeck* den Sängerchor über dem Lettner zieren, stellen nämlich nicht nur das ausführlichste Bildprogramm zum Leben der Heiligen dar, sie befinden sich auch mit Ausnahme des letzten Bildes in einem so vorzüglichen Zustand, daß sie mit ihren warmen Farbtönen geradezu einladen zum besinnlichen Verweilen. Dieser Zyklus ist von seinem Inhalt her ganz ein Kind des Dietrich von Apolda, der immer schon ein wenig mehr wußte als die andern, weil er, wie er selbst anmerkt, «ergänzte, wo etwas fehlte», und schmückte, wo etwas allzu schmucklos sein tradiertes Leben fristete. Jede dieser 60–65 cm breiten und 90 cm hohen mit Mennig gegrundeten Tafeln ist deshalb ein Leckerbissen für den, der wissen will, wie damals die Menschen gekleidet waren, welche Instrumente und Haustierrassen sie hatten, was als fein galt und was als ungehobelt. Dies alles erfahren wir auf diesen Bildern, die dem westfälisch-Soester Stil zugerechnet werden und deshalb auch schon viel Drang nach Natur und Leben in sich tragen. Unsere Heilige kommt als Typ besonders gut weg und weiß sich als Fürstin und Magd ungefähr gleich gut zu bewegen, wenn es auch sehr deutlich ist, daß dem wackeren Meister die herrschaftliche Phase des Elisabethlebens besonders am Herzen lag. Ihm widmet er deshalb auch 19 der 23 Bilder.

Auf einige weitere Bildzyklen sei noch hingewiesen, die sich zwar an kunsthistorischem Wert und an Bekanntheit nicht mit den bisher erwähnten messen können, aber dennoch die Vorstellung vom Leben und Wirken der Heiligen mitgeprägt haben. Da ist zunächst der große *Wandteppich des Klosters Marienberg* bei Helmstedt, der in 19 Szenen das Leben der Heiligen erzählt. Die kunstgewerblich tüchtige, künstlerisch aber schwache Arbeit stammt aus dem 14. Jahrhundert und zeigt uns Elisabeth aus der Klosterperspektive.

Zwei bemerkenswerte Bildprogramme weist auch der *Elisabethendom von Kaschau* (Ungarn) auf. Während nämlich das Nordportal mit vier derben, aber charaktervollen plastischen Szenen aus dem Leben der Heiligen geschmückt ist, enthält der große Elisabethaltar 12 Szenen, die bereits den Einfluß der niederländischen Malerei spüren lassen und Michael Wolgemut (1434–1519) zugeschrieben werden. In *Bartfeld* (Ungarn) steht ein

Altar mit fast den gleichen Szenen, und auch die Elisabethkirche in Marburg hat einen *Flügelaltar* mit geschnitztem Mittelschrein und mit zwei bemalten Flügeltüren, die je fünf Geschehnisse aus dem Elisabethleben schildern. Der Bildhauer Ludwig Juppe († 1537) und der Maler Johann von der Leyten († 1530), beide aus Marburg, haben diesen künstlerisch hochstehenden Altar geschaffen.

Von zwei unbekannten Meistern stammen die Bildzyklen aus dem *Spital von Blaubeuren* (1420) und aus der *Deutschordenskirche in Frankfurt-Sachsenhausen* (Anfang des 16. Jh's). Beide verraten gute künstlerische Empfindung und sprechen uns von einer Elisabeth, die sich ganz in die Not der Kranken und Hungernden hineingibt. Ensprechend dem Ort ihrer Anbringung ist die Heilige schon ganz im Sinn der Devotio moderna zu einer Gestalt der schlichten Alltagsmystik geworden, welche die Wunderfreude der Legenden zwar nicht bekämpft, aber doch eher beiläufig erwähnt. Im Vordergrund steht die stille und praktische Bereitschaft Elisabeths, im Dienst der Armen Christus zu dienen.

Einzeldarstellungen

Die plastischen oder malerischen Darstellungen Elisabeths sind unübersehbar. Es kann deshalb im folgenden nur darum gehen, die wichtigsten Bildtypen bewußt zu machen und innerhalb dieser verschiedenen Typen auf künstlerisch besonders bedeutsame Werke hinzuweisen.

Wo immer uns die Heilige der Caritas mit den Attributen des Kranken und Bettlers, mit Brot oder (und) Kanne begegnet, mahnt sie den Betrachter an das zentrale christliche Gebot der Nächstenliebe, ohne die es keine Gottesliebe geben kann. In keiner anderen Heiligengestalt sammelt sich dieses Thema zu einer solchen Dichte, wie in der Gestalt der heiligen Elisabeth. Der Kontrast von jugendlicher Anmut und dem Schrecken des hungernden, kranken und entstellten Menschen eröffnet eine Frage, die in der Haltung Elisabeths eine Antwort voller Stille und Glaubenskraft erfährt. Von dieser Spannung lebt die Aussage dieses Bildnisses, und daran muß es auch gemessen werden. Es ist nämlich auf der Hand liegend, daß hier der Ton die Musik macht und etwa der Bildausdruck eines Gebens «von oben herab» katastrophale Mißverständnisse dokumentieren und nahelegen würde. Aber auch Sentimentalität und «Ungeduld des Herzens» (Stefan Zweig) liegen auf der Lauer, um ihre Chancen wahrzunehmen bei der Gestaltung eines der delikatesten Themen christlicher Verantwortung.

Rein künstlerisch stellt wohl die Elisabeth auf dem *Sebastianusaltar des älteren Hans Holbein* (1460–1524), der heute in der alten Pinakothek in München zu sehen ist, eine kaum zu überbietende Vollendung dieses Bildtyps dar. In Haltung und Gesichtsausdruck ist die Heilige von einer unnachahmlichen Grazie und Würde. Das wundervolle Gewand kontrastiert zu den drei Bettlergestalten, die sich in der unteren Bildhälfte an sie herandrängen in einer Weise, die nicht deklassiert, sondern Hoffnung weckt. Das schöne Gesicht der Landgräfin ist ernst und mitfühlend, die Hände, welche den kostbaren Mantel raffen bzw. mit der Kanne den Napf des einen Bettlers füllen, reden von Bewahrung und Spendung. Nur ihr Schritt ist vielleicht um eine Idee zu leicht und zu tänzerisch. Bald wird sie die Zone der Not durchschritten haben ...

Wieviel mehr Bereitschaft zu verweilen liegt da in der etwa 1 m hohen Statue aus Birnenholz, die in der *St. Lorenz-Kapelle in Rottweil* steht und ein Werk aus dem schwäbischen Raum des 15. Jahrhunderts ist. Das fein geschnittene Gesicht der Heiligen ist voll damit befaßt, die Tränkung eines Bettlerjungen zu begleiten, dem sie die Schnabelkanne kurzerhand an den Mund setzt. In diesem Moment ist sie gar nicht auf Hoheit und Anmut bedacht, sondern hat auch ein wenig von einer jungen Bäuerin an sich, die dem Kälbchen den Milchkübel hinhält, damit es bekommt, was es nötig hat. Gerade diese selbstvergessene Hinwendung an einen höchst banalen Vorgang macht sie so besonders schön und zu einem Widerschein göttlicher Zärtlichkeit, für die es nichts gibt, was ihr zu gering wäre.

Gegenüber dieser Skulptur wirkt die Gestalt der Heiligen auf dem Hochaltar der *Jakobskirche in Rothenburg o. T.* aus dem Jahr 1466 dann doch eher wie ein zwar energisches, aber doch ein wenig hilfloses Marktweibchen, das mit Kanne und Brot darauf aufmerksam machen muß, daß es die hl. Elisabeth ist. Auch die bekannte Statue der Heiligen von *Tilmann Riemenschneider in Münnerstadt* (1492) kann bei aller Meisterschaft der Ausführung das religiöse Grundthema nicht so überzeugend darstellen, wie dies erforderlich wäre, um die feine Melancholie zu begründen, die uns da begegnet.

Als eine gewisse Variante dieses Bildtyps muß die Elisabeth gelten, welche Nackte bekleidet. Ein besonders altes und eindrucksvolles Bild dieses Typs stammt von einem Flügelaltar der Klosterkirche in Altenberg aus der ersten Hälfte des 14. Jh's. Mit starken Umrißlinien ist hier auf Goldgrund eine schlanke Gestalt gemalt, die einem Bettler ein umhangartiges Kleid reicht. Über der Heiligen schweben zwei Engel, von denen einer eine Krone in den mächtigen Nimbus der Heiligen hineinreicht, während der andere ein Gewand herbeifliegt, das dem eben verschenkten völlig entspricht. Auf zwei Ebenen spielt sich gleichsam ein Geschehen ab, das auf dem Goldgrund der Ewigkeit wie selbstverständlich wirkt und die Frage nach Sinn und Lohn christlicher Nächstenliebe auf genauso naive wie einleuchtende Art beantwortet. Jedem Betrachter wird klar, daß der neuwertige Rock, der den Besitzer wechselt, auf gar keinen Fall als Verlust zu sehen ist. Im Gegenteil.

Die Heilige mit ihrer Kirche

Die wohl bekannteste aller Elisabethdarstellungen haben wir in der *Statue* vom *Zelebrantenstuhl* der *Elisabethkirche in Marburg* vor uns. Aus Eichenholz geschnitzt, bemalt, vom Fuß bis zur Turmspitze 1,08 m hoch, ist diese aus dem Jahr 1397 stammende Skulptur eine Meisterleistung der späten Gotik. Obwohl der Schleier tief über die Stirn herabfällt, ist die stille Schönheit des Gesichtes unverkennbar und pflanzt sich durch die ganze Skulptur fort bis zu dem spitzen Schuh des linken Fußes, der unter dem Gewandsaum hervorlugt. In vielen Kopien und nachempfundenen Darstellungen hat dieses Bildnis wohl immer zu den Menschen gesprochen von der «Gloria Teutoniae», denn um so etwas Vornehmes und zugleich in sich selbst Ruhendes zu sehen, muß man schon bis nach Naumburg und zu seinen Stifterfiguren oder zu den französischen Kathedralen gehen.

Wichtig ist freilich, daß wir als moderne Betrachter das Kirchenmodell, das die Heilige trägt, nicht nur als Trophäe sehen, die gleichsam eine kirchlich gelungene Karriere signalisiert. Für den mittelalterlichen Menschen ist die Grabeskirche vor allem auch Bild des himmlischen Jerusalem, das Kirchenmodell als Attribut eines Heiligen also vor allem auch Zeichen der Hoffnung und des Sieges. Der Heilige, der es vorzeigt, dokumentiert damit nicht nur seine eigene Vollendung, sondern fordert die Gläubigen aller nachfolgenden Generationen auf, die Kirche zu sein, die aus lebendigen Steinen erbaut ist (vgl. 1 Petr 2,5). Nicht als ob das Mittelalter nicht auch den imposanten Kirchenbau aus Stein in Marburg und anderswo in seiner Sichtbarkeit und Greifbarkeit bewundert hätte, aber er blieb Bild und Gleichnis.

Ein knappes Jahrhundert jünger (1470–80) ist die andere Skulptur gleichen Typs, die im *Mausoleum* der *Elisabethkirche* steht und die Heilige als die hoheitsvolle Fürstin darstellt, die überaus graziös und elegant wirkt, wie sie mit der Linken das Kirchenmodell hält und mit der Rechten den Mantel etwas zur Seite rafft. Kleidung und Haltung sprechen von höchstem Luxus. Das außerordentlich lebendige und ausdrucksstarke Gesicht, von

einem Schleier vorteilhaft eingefaßt und von einer überschweren Krone überglänzt, wirkt jugendlich frisch und energisch. Zweifellos auch dies ein Werk von virtuoser Vollendung, aber kaum noch Träger von religiöser Wahrheit und Sendung.
Gegenüber diesen beiden prachtvollen Exemplaren dieses Bildtyps, die sich auf engstem Raum seit Jahrhunderten in der Vergegenwärtigung der Heiligen Konkurrenz machen, müssen alle anderen Bildnisse dieses Typs zurücktreten.

Gekrönt mit allen Kronen

Weniger bei uns bekannt, aber mit besten Beispielen der hohen Kunst belegt, ist das Bild Elisabeths mit mehreren Kronen. Erklärungsversuche gab es genug, diese Darstellungsweise und ihre Aussage zu deuten. Von der Biographie mag ja die Tatsache, daß Elisabeth eine Königstochter und thüringische Landesherrin war und nach ihrem Tod von Kaiser Friedrich II. gekrönt wurde, einen ersten Anstoß gegeben haben. Die eigentliche Aussageabsicht ist aber wohl mehr auf der Ebene zu suchen, die schon Caesar von Heisterbach betritt, wenn er in seiner Lebensbeschreibung der Heiligen sagt:

«Da es sicher ist, daß es drei Gruppen von Menschen gibt, denen eine Krone gebührt, nämlich den Märtyrern, den Jungfrauen und den Prälaten, wollte Elisabeth in keiner dieser drei Gruppen fehlen. Den Märtyrern gebührt die Krone wegen des Blutes, das sie für Christus vergossen haben; den Jungfrauen wegen des Gelübdes oder des Verlangens nach Unberührtheit des Leibes, den Prälaten wegen der Predigt. Sie alle war Elisabeth bemüht nachzuahmen, den Märtyrern durch äußerste Bedrängnis, den Jungfrauen durch das Gelübde der Enthaltsamkeit, den Predigern durch das Beispiel heiligen Lebenswandels und durch das Wort guter Ermahung.»

Einer der Großen aus der Welt der Kunst hat Elisabeth unter diesem Betracht gehuldigt: *Jan van Eyck* (1396–1441). Auf seinem Spätwerk *«Madonna mit dem Kartäuserprior»* (um 1440) ist auf der rechten Seite Elisabeth zu sehen in vornehmer Witwentracht, die drei Kronen in Händen haltend. Im Gegensatz zu dem dunklen Obergewand und zu der fein durchgearbeiteten Landschaft des Hintergrundes, bekommt das Gesicht der Heiligen noch zusätzliche Ausdrucksstärke und spirituelle Leuchtkraft. Gerade in der Tatsache, daß Elisabeth alle drei Kronen wie ein Geschenk in den Händen trägt, ist sie als eine Heilige der Gottesverehrung dargestellt, die ihre Verdienste an den zurückgibt, von dem sie ihr zuteil wurden.
Auf den anderen Bildnissen dieses Typs dagegen trägt gewöhnlich Elisabeth zwei Kronen ineinandergeschoben auf der rechten Hand, während eine ihr Haupt ziert. Oft ruhen die Kronen auch auf einem Buch, das Elisabeth trägt, und dann ist dieses Miteinander von Kronen und Buch der Hinweis auf das Evangelium, als der Grundlage für jedes Leben, das gelingt und deshalb gekrönt wird.

Das Rosenwunder

Wenn es auch wahr ist, daß in der deutschen Kunst das Rosenwunder erst in der Neuzeit mit der Gestalt der hl. Elisabeth verbunden wird, dann ist es doch in der italienischen Darstellung der Heiligen schon sehr früh zu finden. In Perugia, dem Ort ihrer Heiligsprechung, sind Fresken erhalten, die das Rosenwunder zum Thema haben. Diese Freskenreste stammen allerdings erst aus dem 15. Jh. Andere Gestalten, die diesem Bildtypus entsprechen, und aus der ersten Hälfte des 14. Jh's stammen (Martini, Lorenzetti), sind wohl zu Unrecht als Elisabeth gedeutet worden. Sie stellen wohl eher die hl. Dorothea bzw. die hl. Elisabeth von Portugal dar. Anders ist dies bei Paolo Moranda, genannt *Cavazzola* (1486–1522), einem Meister der veronesischen Schule. Von ihm haben wir aus dem Jahr 1522 ein figurenreiches Altarbild, auf dem Elisabeth mit Blumen im Mantelschoß zu sehen ist. Vom gleichen Künstler gibt es auch in der Kirche S. Bernardino in Verona eine lebensgroße Gestalt der hl. Elisabeth mit dem Rosenkranz in der Hand und mit Rosen im Mantel. Auch *Botticelli* (1446–1510) hat auf seinem Gemälde von der Krönung Mariens in S.Jacopo di Ripoli die Heilige in dieser Pose gemalt. Wie dann auch in der deutschen Kunst der Siegeszug dieses Motivs einsetzt, ist vor allem bei dem Nazarener Friedrich Overbeck (1789–1869), bei Moritz von Schwind (1804–1871), bei Josef von Führich (1800–1876) zu beobachten. Noch zu Beginn unseres Jahrhunderts widmet etwa der Wiener Maximilian Liebenweiss dieser Szene ein großes, auf seine Art beeindruckendes Gemälde.

Aber die schöpferische Kraft ist gebrochen. Darüber können weder die so volkstümlichen Fresken des Moritz von Schwind auf der Wartburg hinwegtäuschen, noch die Versuche unseres Jahrhunderts (Matthäus Schiestl, Augustin Kolb, Gebhard Fugel, Josef Dolleschal u.a.), noch auch all die berückend schönen Reproduktionen, wie wir sie zum bislang letzten Jubiläumsjahr 1981 allerorten bewundern konnten. Ja, gerade dieser ausschließliche Rückgriff auf den großen Reichtum, der sich in den Scheunen der Vergangenheit angesammelt hat, ist ein untrügliches Zeichen dafür, daß die Kunst der Gegenwart Elisabeth nicht mehr zum Thema hat. Ein klein wenig hat zwar auch Elisabeth von der Erneuerung der Sakralkunst nach dem zweiten Weltkrieg profitiert, und manche Franziskanerkirche kann ein farblich gut gestaltetes Elisabethfenster aufweisen. Da und dort ist auch der Eingang zu einem Elisabethenkrankenhaus ansprechend mit der Gestalt oder einem Motiv aus dem Leben der Heiligen geschmückt. Nirgendwo aber durchbricht ein Werk diese Wand, die sich zwischen die Heilige und unser gegenwärtiges Kunstschaffen geschoben hat und läßt noch einmal Elisabeth vor uns treten, ernst und heiter, arm und reich, ekstatisch und ganz nüchtern. In einer Zeit, in der das Thema «christliche Caritas» weitgehend von den Stichworten «Dritte Welt», «Drogenabhängigkeit», «Resozialisierung», «Mutter Theresa», «Überbevölkerung» u.ä. beherrscht wird, ist es vielleicht auch ein zu weiter Weg bis zu der Heiligen, die so ganz von Gott her lebte, daß sie ganz für den Menschen da war.

Die Vergegenwärtigung Elisabeths erfährt in den Werken der Literatur und der Kunst weder ihre Erfüllung noch ihre Grenzen. Dies geschieht einzig und allein im Leben von gläubigen Menschen, die entweder in ausdrücklicher Berufung auf das Vorbild der Heiligen oder aber in tatsächlicher Weiterführung ihrer Sendung das tun und zu erfüllen trachten, was sie tat und erfüllte. Es ist nämlich durchaus nicht so, daß religiös begründete Bereitschaft, sich von einem Vorbild bestimmen zu lassen, sich früher oder später auch in Werken der Kunst und der Literatur niederschlagen, deren Ranghöhe dann der Echtheit des religiösen Impulses entspricht, der in einer Zeit lebendig ist. Obschon wir von der Vorstellung ausgehen dürfen, daß letztlich alle Ebenen des geistigen Lebens miteinander in Verbindung stehen, geht der Übertrag von der einen zur anderen doch nicht in der Direktheit vor sich, daß ich nur die Daten der einen zu kennen brauche, um sofort auf den Zustand der anderen schließen zu können. Sowohl das religiöse als auch das kulturelle Leben hat zunächst einmal seine Eigengesetzlichkeit. Und so können wir etwa für den Bereich des 19. Jahrhunderts feststellen, daß in einer Zeit, in der die Nazarener nur durch ihre formale Meisterschaft die Flut von armseligem Elisabethkitsch überragen, eine große Blüte des caritativen Lebens aufbricht, die in zahlreichen Gemeinschaften, welche die heilige Elisabeth zu ihrer Patronin erwählten, ihren Ausdruck fand. Da es aber keine Frage sein kann, daß auch das verborgenste Leben im Geist der heiligen Elisabeth unmittelbarer und elementarer den

Kern ihres Wesens vergegenwärtigt als es das herrlichste Bildnis je tun könnte, lohnt es sich, abschließend noch dieser Spur nachzugehen.

Buchstabe und Geist

Für den Bereich der BRD und der DDR haben F. Jürgensmeier/R. E. Schwerdtfeger eine Zusammenstellung aller St. Elisabeth-Patrozinien veröffentlicht, aus der ersichtlich wird, wo überall katholische Kirchen und Klöster, Krankenhäuser und Schulen, Altenheime und Kindergärten, Kapellen und Kurheime, Pfarrkirchen und Filialkirchen, Hauskapellen und Exposituren der hl. Elisabeth geweiht sind. Zusammen mit der Angabe des Jahres in welchem die betreffende Einrichtung der Heiligen geweiht wurde, ergibt sich eine nicht zu verachtende statistische Grundlage für die Verbreitung der Elisabethenverehrung und für die dabei leitenden Interessen. Im Spiegel dieser Zahlen und Namen ist zunächst etwas von dem abzulesen, was damals die Menschen bewegt hat, ihre Kirchen und sonstigen Einrichtungen unter den Schutz der Heiligen zu stellen. Es fällt nun auf, wie bei den annähernd 500 Ortsnamen weit über dreiviertel aller Patrozinien aus den letzten 100 Jahren stammen. An Bewußtsein und Wertschätzung dieser Heiligen gegenüber kann es also in dieser Zeit nicht gefehlt haben, und es spricht für die Vitalität dieses Bewußtseins, daß es nicht nur bei Patrozinien bleibt, sondern hier eine Elisabethglocke läutet, dort eine Apotheke ihren Namen trägt oder eine Krankenambulanz bzw. eine Nähschule an die hilfreiche Heilige erinnert.

Nun weiß aber jeder denkende Gläubige, daß die Heiligen, die wir verehren und deren Schutzherrschaft wir anerkennen, in dem Maß wirksam werden, wie sie mit ihrem Vorbild unser reales Verhalten bestimmen und nicht nur mit ihrem Fest den Stichtag liefern für festliche Reden und Lieder, Prozessionen und fromme Lustbarkeit. So richtig zu Patronen werden sie nur dadurch, daß sie uns davon überzeugen, daß wir selbst einander Schutzpatrone sein müssen, Menschen, die füreinander Verantwortung übernehmen und im Geist unserer himmlischen Patrone einander Weggefährte zum ewigen Ziel werden. Geschieht das nicht, dann stehen die Heiligen ohnmächtig auf ihren Konsolen oder im Bleigeäst der Kirchenfenster und bekommen gleichsam keinen Fuß mehr auf den Boden, auf dem sich unser Leben abspielt.

Die große Hinwendung zur hl. Elisabeth, die sich in der oben angesprochenen Statistik gerade im Blick auf die letzten Jahrzehnte bekundet, wäre also auf ihre lebensverändernde Kraft zu befragen, die sie in den Gemeinden und Gruppen von Gläubigen freisetzt. An den Motiven derer, die sich sowie ihre Kirchen und Häuser unter die Schutzherrschaft der heiligen Landgräfin stellten, gibt es wohl nichts zu deuteln. Ob diese anfängliche Bereitschaft aber, sich von Elisabeth aus den verschiedenen Schlupfwinkeln der Selbstgenügsamkeit aufscheuchen zu lassen, lebendig blieb, ob sie zu konkreten Schritten führte oder zur billigen Beschwörungsformel absank, das ist die Frage.

Heute nennt man sie «Elisabethinnen», aber auch «Elisabetherinnen» oder «Elisabethinerinnen» ist noch im Umlauf. Im 15. Jahrhundert schon begegnen sie uns als die Schwestern, die in den Elisabeth-Hospitälern arbeiteten und im Lauf der Jahrhunderte eine immer klarere Organisation als Franziskanerterziarinnen mit einfachen bzw. feierlichen Gelübden erfahren. Heute verstehen wir unter diesen Elisabethinnen:

1. Die von Aachen ausgegangenen Hospitalschwestern der hl. Elisabeth vom dritten Orden des hl. Franziskus. Als ihre Gründerin gilt Apollonia Rademacher (1571–1626), durch welche diese Schwesterngemeinschaft in das Aachener Elisabeth-Hospital eingeführt wurde. Von hier aus erfolgt eine große und nach der Säkularisation auch rasche Verbreitung über ganz Deutschland, Österreich, Ungarn, Tschechei und Luxemburg. Altenpflege und Krankenpflege sind im Geist ihrer Patronin die Aufgabenbereiche ihres Wirkens.
2. Die 1843 gegründeten Barmherzigen Schwestern von der heiligen Elisabeth, die ihr Mutterhaus in Essen-Bredeney haben.
3. Die Elisabethinnen von Padua.
4. Die Elisabethinnen von Neapel, 1862 unter der Leitung von Ludwig von Casaria gegründet.

Außerdem gibt es die Grauen Schwestern von der heiligen Elisabeth, die aus einem Verein wuchsen, den 1842 Mitglieder des Dritten Ordens des hl. Franziskus in Neiße zur Pflege hilfloser Hauskranker gründeten. Heute zählt diese Kongregation noch weit über 3000 Schwestern, die in vielen Krankenhäusern, Altenheimen und anderen caritativen Einrichtungen tätig sind. Unerwähnt soll auch die Schwesternschaft von der hl. Elisabeth in Freiburg/Br. nicht bleiben, die zwar nicht die Verbreitung gefunden hat wie die Grauen Schwestern, deren Wirken aber sehr ausdrücklich dem Programm der hl. Elisabeth verpflichtet ist.

Alle diese Frauengemeinschaften führen den Geist des Franziskus-Hospitals in Marburg weiter und stellen Vergegenwärtigungen der heiligen Elisabeth und ihrer Sendung dar. Alle leiden aber auch unter aktuem Nachwuchsmangel und unter dem einseitigen Nutzaspekt, unter dem ihre Arbeit zwar gerne in Anspruch genommen, ihr religiöses Ideal aber weitgehend als unzeitgemäß empfunden wird. Nur dort aber, wo caritatives Tun religiös verwurzelt ist und umgekehrt religiöse Ergriffenheit in Hilfe am Mitmenschen umgesetzt wird, ist die Heilige der Nächstenliebe noch im Blick und ihr Bild in den Menschen lebendig. Es ist das gute Recht, ja sogar die Pflicht jeder Zeit, jeweils die aktuellen Aspekte an einer Gestalt wie Elisabeth herauszustellen, mögen sie nun Emanzipation, Provokation, Gesellschaftskritik oder wie auch immer heißen. Es ist ihr aber nicht gestattet, die heilige Mitte, aus der heraus ihre Sendung wuchs, einfach auf sich beruhen zu lassen, so als könnte man sie auch ohnedies hinlänglich verstehen und würdigen.

Hand in Hand mit Monsieur Vincent

Als 1840 in Trier der erste Elisabethverein entstand, konnte noch niemand ahnen, daß dies der Anfang war von den 2200 «Elisabethkonferenzen», die heute in den Diözesen der BRD arbeiten. Auch hier war es die Sorge um die Armen und Kranken, die zu dieser Laienvereinigung führte, welche unter dem Schutz und nach dem Vorbild der heiligen Elisabeth die Tradition vinzentinischer Frauenvereinigungen (Dames de la Charité) fortführen wollten. 1931 kam es in Würzburg zur Gründung der «Reichsgemeinschaft der Elisabeth- und Frauenvinzenzvereine Deutschlands», 1951 schloß sich diese Gemeinschaft an die vinzentinische Weltvereinigung der «Dames de la Charité» an.
In der Arbeit der Elisabethkonferenzen münden also zwei Ströme christlicher Nächstenliebe zusammen, die von Elisabeth und Vinzenz von Paul (1581–1660) ihren Ausgang nehmen. Das Wirken der Elisabethfrauen in den Pfarreien ist gleichsam die Fortsetzung der Wartburgzeit, in der Elisabeth auch in ihrer Familie weilte, diese aber nicht abschottete gegen die Not der Zeit, sondern immer wieder öffnete, um den Weg zu den Armen zu gehen. Die Elisabethfrauen haben sich verpflichtet, persönlich sich zu kümmern um die notleidenden Familien, um Alleinstehende, um Kranke und Alte. Sie wollen in den Gemeinden beitragen zur Pflege der caritativen Gesinnung und Tat und treffen sich deshalb regelmäßig zu Tagen der religiösen Vertiefung und der praktischen Schulung für ihre Caritasaufgaben in den sich wandelnden Verhältnissen der Gesellschaft und der Organisation der Sozialfürsorge (Sozialstationen).

Gerade in dieser Arbeit an der Basis ist es entscheidend, daß die ganze Elisabeth weiterlebt, die nicht nur Brot bringt, sondern auch Rosen, nicht nur praktische Hilfe, sondern auch Abglanz der ewigen Liebe. In kaum einem anderen Zusammenhang meint man so unmittelbar den Geist und die Haltung der Heiligen von der Wartburg weiterwirken zu sehen, wie in dem unauffälligen Helfen und Beten der Elisabethfrauen.

Elisabeth inkognito

Während des Jubiläumsjahres 1981 hat es nicht an Stimmen gefehlt, die spontan die Gestalt und die prophetische Zeichenhaftigkeit Elisabeths in Mutter Teresa von Kalkutta wiederzuerkennen glaubten. Und in der Tat, im Leben und Wirken der 1910 in Skopje geborenen Teresa Bojaxhiu leuchtet so vieles vom Geheimnis der heiligen Landgräfin auf, daß es unmöglich ist, am Ende einer Besinnung auf die Patronin der christlichen Caritas nicht auch an ihre aktuelle Vergegenwärtigung in Mutter Teresa zu erinnern. Mutter Teresa gehört weder einer Elisabeth-Kongregation an, noch nannte sie die Gemeinschaft, die sie 1950 gründete, nach der Heiligen der Nächstenliebe. Aber ihr Anliegen ist so unverkennbar das Anliegen Elisabeths, die Radikalität ihrer Zuwendung zu den Ärmsten in den Slums aller Welt so selbstverständlich und Aufsehen erregend, daß man einfach an Elisabeth denken muß. Vor allem ist es die leidenschaftliche Bereitschaft, Gott in den Armen zu dienen und zu lieben, die ihrem bewundernswerten Einsatz den unverwechselbaren Klang einer evangelischen Erzählung verleiht. «Wir wollen etwas Schönes für Gott tun!» Das hätte auch Elisabeth gesagt haben können. Und vielleicht hörte es sich nicht nur für die Ohren der Neuheiden merkwürdig an, als sie auf die Frage, wie sie täglich dieses Leben in den «Heimen für Sterbende» ertragen könnte, antwortete: «Ich könnte das auch nicht, wenn ich nicht jeden Morgen das heilige Meßopfer mitfeiern würde.» Und noch ein anderer Zug, der sie und ihre Schwestern mit der heiligen Elisabeth verbindet, und der ihrem Biographen M. Muggeridge sofort auffiel: «Das Leben der Schwestern ist gewiß hart und streng, aber ich habe noch nie so fröhliche, glückliche Frauen angetroffen oder eine solche Atmosphäre von Freude, wie sie sie schaffen.» Diese Freude stammt aus der umfassenden Geste, mit welcher der verklärte Herr seiner Dienerin Elisabeth nahe war und nun auch den Missionaries of Charity. «In der Eucharistie haben wir Christus in der Gestalt von Brot. Aber hier in den Slums, im zerstörten Leib, in den Kindern sehen wir Jesus und berühren ihn.»

Tausende von Männern und Frauen, von denen niemand redet, leben in ähnlicher Weise den Geist der Liebe zu Gott und den Menschen und sind so mit ihrer Schwester Elisabeth unterwegs auf der Nachfolge ihres Herrn, den sie erkennen und bekennen. Aber auch die vielen Menschen, die in unserer Zeit helfen und trösten, die Last der Mühseligen und Beladenen mittragen, ohne den zu kennen und zu bekennen, der uns davon gesprochen und ein Beispiel gegeben hat, auch sie sind nicht ohne innere Verbindung zu der Heiligen, die ein Hoffnungslicht entzündet hat, das einen weiten Kreis erhellt. Das Gleichnis vom barmherzigen Samaritan (Lk 10,

25–37) ist von Jesus absichtsvoll so geschildert, daß der halbheidnische Samariter es war, der dem zum Nächsten wurde, der unter die Räuber gefallen war. Der Priester und der Levit aber blieben ihm so fern, wie nur möglich, obwohl sie das Gesetz kannten und dem Kult des Tempels dienten. Und ebenso spricht auch der Weltenrichter (Mt 25,31–46) zu denen zu seiner Rechten lediglich: «Kommt, ihr Gesegneten meines Vaters! Nehmt in Besitz das Reich, das auch bereitet ist seit Grundlegung der Welt! Denn ich war hungrig, und ihr habt mich gespeist; ich war durstig und ihr habt mich getränkt; ich war fremd, und ihr habt mich beherbergt; ich war nackt, und ihr habt mich bekleidet, ich war krank, und ihr habt mich besucht; ich war im Gefängnis, und ihr seid zu mir gekommen.» Von etwas anderem spricht der Weltenrichter nicht, so daß es nicht verwundern kann, daß die zur Rechten ganz ungläubig fragen, wann denn in aller Welt sie je so etwas ihm getan hätten! Aber sie haben es getan, sonst stünden sie nicht auf der gleichen Seite, auf der auch die heilige Landgräfin steht, die immer wußte, wem sie in den Armen diente und an wen sie ihr Vermögen verschwendete und ihr junges Leben.

NACHWORT

Heilige sind nicht einfach ideale Menschen. Ihre Größe besteht nicht in der harmonischen Entwicklung aller ihrer Kräfte und Möglichkeiten. Ihr Leben ist geprägt von der einen kostbaren Perle, für die der Kaufmann im Evangelium alles andere dran gibt, um sie zu erwerben (Mt 13,45f). Heilige müssen sehr leer werden, um Gefäß werden zu können für das, was sie selbst nicht sind, sondern darleben und bezeugen. Heilige sind überhaupt keine Persönlichkeiten im Sinn einer selbständigen und auf sich selbst bezogenen Ausformung des Menschseins. Heilige sind das Echo auf das ewige Heil- und Heiligsein Gottes, von welchem die Kirche singt: Tu solus sanctus – du allein bist der Heilige! Heilige sind das Fenster, das um so mehr Fenster ist, je weniger es sich selbst zum Thema macht und je ungehinderter es den Blick freigibt auf das, was draußen ist. Heilige sind der Stern, der um so heller leuchtet, je näher er der Sonne ist, von der alles Licht kommt.
Aus der Sicht des Nur- und damit Un-menschen wirkt der Heilige immer und notwendig irgendwie ver-rückt, schwer überfordert, mehr oder weniger versehrt, einseitig, ein-fältig, närrisch und unerwachsen. Und dies alles ohne übelwollende Deutung, boshafte Verdrehung oder verleumderische Unterstellung. Tatsächlich ist ja Heiligsein für den Menschen weder besonders gesund noch förderlich, es ist keine Belohnung, sondern eine Prüfung, es macht nicht satt, sondern hungrig. Der Heilige kann nie sagen: es ist genug; er weiß sich schuldig, tut Buße und ... ist dabei glücklich. Es gibt keine

unglücklichen Heiligen, denn auch Jesus Christus war nie unglücklich. Auch am Kreuz nicht.
Und warum zieht es uns dennoch hin zu den Heiligen? Sind sie vielleicht doch nicht nur die größeren Glaubenden, sondern auch die richtigeren, die menschlicheren Menschen? Haben wir vielleicht irgendwo am Grund unserer Seele noch ein Gespür dafür, daß unser praktisch gelebtes und von weitesten Kreisen der Menschheit auch theoretisch vertretenes Menschenbild, letztlich ein grausames Mißverständnis ist? Suchen wir bei den Heiligen Heilung? Trost? Erweckung aus dem schweren Traum unserer Selbstgenügsamkeit? Befreiung von der Traurigkeit, die darin besteht, kein Heiliger zu sein? (León Bloy).
Im Blick auf die heilige Elisabeth zeichnen sich von selbst die Umrißlinien eines Menschenbildes ab, das nicht in Deckungsgleichheit zu bringen ist mit dem von uns äußerlich erfahrenen und innerlich festgehaltenen Bild vom Menschen als einem kleinen Gegengott, der um die Achse seines eigenen Ichs schwingt und nicht mehr anders kann, als alles auf sich selbst zu beziehen. Dagegen ist Elisabeth der Mensch der geringen Eigenbedeutung, der ganz offen ist auf Gott hin und von Gott her, dessen ganzes Leben deshalb nicht als eine Umlaufbahn um das eigene Ich, sondern als eine Teilhabe am Leben der ewigen Liebe seine innere Sinngestalt erhält. Der Schwerpunkt ihres innersten Wesens liegt außerhalb ihrer selbst, so wie es immer ist, wenn ein liebender Mensch nicht mehr denken, wollen und sprechen kann. Ich, Ich, Ich, sondern nur noch Du, Du, Du. Aber gerade dadurch wurde sie ganz sie selbst, ganz Mensch, ganz Bild der Gnade, die heilige Elisabeth.

ANHANG

1. Die Quellen in ihrer zeitlichen Reihenfolge

Magister Konrad von Marburg. Lebensregeln für die heilige Elisabeth, in: Walter Nigg (Hrsg.), Elisabeth von Thüringen, Heilige der ungeteilten Christenheit 5, Düsseldorf 1963, 67–68

Papst Gregor IX., Brief an Elisabeth. Karl Wenck, Die heilige Elisabeth und Papst Gregor IX., in: Hochland 5 (1907) 129–130

Wunderbericht vom 11. 8. 1232. Arthur Wyß, Hessisches Urkundenbuch I, Urk. B der Deutschordensballei Hessen. Publikationen aus den Preußischen Staatsarchiven 3, Leipzig 1879, 25–29

Konrad von Marburg, Summa vitae mit Begleitschreiben. Albert Huyskens, Quellenstudien zur Geschichte der heiligen Elisabeth, Marburg 1908, 155–160

Wunderbericht vom Februar 1233. Huyskens a.a.O. 161–239

Wunderbericht vom Januar 1235. Huyskens a.a.O. 242–266

Protokoll der Zeugenaussagen vom Januar 1235. Albert Huyskens, Der sogenannte Libellus de dictis quatuor ancillarum S.Elisabeth confectus, München 1911. Deutsche Übersetzung von Otto Krage in: Walter Nigg (Hrsg.), Elisabeth von Thüringen a.a.O. 70–107

Papst Gregor IX., Brief an Königin Beatrix von Kastilien, in: Leonhard Lemmens, OFM, Mitteilungen des historischen Vereins der Diözese Fulda 4 (1901) 2–6

Narratio brevis de Translatione sanctae Elisabethae. Christian Schoettgen und M. Georg Christoph Kreyzig. Diplomatoria et Scriptores Historiae Germanicae medii aevi, Altenburg 1753, 107–108

Caesarius von Heisterbach. Vita sanctae Elisabeth Landgraviae und Predigt. Albert Huyskens, Die Schriften des Caesarius von Heisterbach über die heilige Elisabeth von Thüringen, in: Publikationen der Gesellschaft für rheinische Geschichtskunde 43 (1937) 329 ff

Vita aus Zwettl «Beata autem Helisabeth regiis orta natalibus.» Diodar Henniges OFM, in: Archivum Franciscanum Historicum II (1909) 240–268

Jordan von Giano OFM, Denkwürdigkeiten. Georg Voigt, Die Denkwürdigkeiten (1207–1238) des Minoriten Jordanus von Giano. Abhandlungen der philolog.-historischen Klasse der königl.-sächs. Gesellschaft der Wissenschaften, Bd. 5, Leipzig 1870. 421–545

Konrad Holsinger, Sermo de Sancta Elisabeth. Bonaventura, Opera omnia, Moguntiae 1609, 298–290

Toskanischer Franziskaner, «Beata Elisabeth filia regis.» Leonhard Lemmens OFM, Mitteilungen des historischen Vereins der Diözese Fulda 4 (1901) 15–19

Das Passional, eine Legendensammlung des 13. Jahrhunderts. Hrsg. von Fr. Karl Köpke, Quedlinburg und Leipzig 1852

Dietrich von Apolda OP, Vita sanctae Elisabeth. Henricus Canisius et Jacobus Basnage, Thesaurus Monumentorum . . ., Bd. 4, Amsterdam 1725, 116–152

Reinhardsbrunner Rezension (Bearbeitung). Joh. Burchard Menckenius, Scriptores Rerum Germanicarum, praecipue Saxonicarum, Bd. 2, Leipzig 1728, 1987–2006

Friedrich Ködiz von Salfeld, Das Leben des heiligen Ludwig. Hrsg. von Heinrich Rückert, Leipzig 1851

Reinhardsbrunner Chroniken. Hrsg. von Oswald Holder-Egger, in: Monumenta Germaniae historica Scriptores XXX/1 Hannover 1896, 490–656

Hermann von Fritzlar, Buch von der heiligen lebine. Franz Pfeiffer (Hrsg.), Deutsche Mystiker des 14. Jhd's, Bd. 1, Göttingen 1907, 242–246

Albert von Prag, Hymnus Salve venerabilis, in: Analecta Hymnica 3, 162

Johannes Rothe, Chronicon Thuringiae und Leben der heiligen Elisabeth, bei:Menckenius a.a.O. 1633–1801 und 2033–2102

Chronicon Thuringicum Auctore ignoto. Schoettgen und Kreyzig a.a.O. 85–106

Max Krühne, Urkundenbuch der Klöster der Grafschaft Mansfeld, Halle 1888, Nr. 148

Eduard Heydenreich, Mitteilungen zur sächsisch-thüring. Geschichte aus den Hss. der alten Schneeberger Lyceumsbibliothek, in: Neues Archiv für sächs. Geschichte und Altertumskunde 13 (1892) 91–107

Werner Stannat, Das Leben der heiligen Elisabeth in drei mhd. Hss. aus Hannover und Wolfenbüttel, Neumünster 1959

Koblenzer Hs. « . . . marcas sterlingorum». Staatsarchiv Koblenz, Hs. Abt. 701. Nr. 122, fol 123–126

Brixener Legende «St. Elsbeten der Landesfrauen von Thüringen Leben.» Franz Pocci und Reding von Biberegg, Altes und Neues, Bd. 2. Stuttgart 1856

Heidelberger Hs. «Der lieben frowen sant Elysabeten der lantgrefin leben», UB Heidelberg Cod. Pat. germ. 105, fol. 1–36

Ballade «Landgraf Ludwig und die hl. Elisabeth. Paul Alpers, Das Winhauser Liederbuch, in: Jahrbuch des Vereins für ndt. Sprachforschung 69/70 (1943/47) 29–30

*Pelbartus von Themeswar,*Sermones de sancta Elisabeth. Sermones Pomerii de Sanctis Hyemales et Estivales, editi per Fratrem Pelbartum de Themeswar divi Ordinis scti Francisci, Hagenau 1498, Sermo 96, 97, 98

2. *Ausgewählte Literatur in ihrer zeitlichen Reihenfolge*

Karl Wilhelm Justi, Elisabeth die Heilige, Landgräfin von Thüringen, Zürich 1797

Charles Forbes René de Montalembert, La vie de St. Elisabeth de Hongrie, Paris 1837.
Leben der heiligen Elisabeth von Ungarn, aus dem Französischen des Grafen von Montalembert übersetzt und mit Anmerkungen vermehrt von J. Ph. Städtler, Aachen und Leipzig 1837

A.F.C. Vilmar, Die heilige Elisabeth. Skizze aus dem Leben des 13. Jahrhunderts, Hengstenbergische Kirchenzeitung 1842

Alban Stolz, Die gekreuzigte Barmherzigkeit: Die heilige Elisabeth. Kalender für Zeit und Ewigkeit, Freiburg 1856

Helmut Mielke, Zur Biographie der heiligen Elisabeth, Landgräfin von Thüringen, Rostock 1888

Karl Wenck, Die heilige Elisabeth, Historische Zeitschrift 69 (1892) 209–244
Albert Huyskens, Quellenstudien zur Geschichte der heiligen Elisabeth, Landgräfin von Thüringen, Marburg 1908
Karl Wenck, Die heilige Elisabeth, Tübingen 1908
Urban Bigger, Sankt Elisabeth, eine Nothelferin in bedrängter Zeit, Einsiedeln 1920
Lulu von Strauß und Torney, Das Leben der heiligen Elisabeth. Nach den alten Quellen erzählt, Jena 1926
Karl Adam-Kappert, Elisabeth von Thüringen. Das Leben der frommen deutschen Landgräfin, Wien 1929
Ida Friederike Coudenhove-Görres, Gespräche um die heilige Elisabeth, in: Die Schildgenossen 10 (1930) 13–34, 126–157
Franz Johannes Weinrich, Die heilige Elisabeth von Thüringen, München 1930
Peter Dörfler, Die heilige Elisabeth, München 1931
Ansgar Volmer, Die heilige Elisabeth, Landgräfin von Thüringen und Hessen, Hildesheim 1931
Leo Weismantel, Elisabeth. Die Geschichte eines denkwürdigen Lebens, Nürnberg 1931
Elisabeth Busse-Wilson, Das Leben der heiligen Elisabeth von Thüringen. Das Abbild einer mittelalterlichen Seele, München 1931
Maria Maresch, Elisabeth von Thüringen. Schutzfrau des deutschen Volkes, Bonn 1931
*Maria Gonzaga,*Die heilige Elisabeth. Schutzfrau der deutschen Jugend, München 1931
Ida Friederike Coudenhove-Görres, Gespräch über die Heiligkeit. Ein Dialog um Elisabeth von Thüringen, Frankfurt a.M. 1931
Heinrich Hermelink, Die heilige Elisabeth im Licht der Frömmigkeit ihrer Zeit, Marburg 1932
Gallus Haselbeck OFM, Das religiöse Wollen der hl. Elisabeth, in: Thuringia Franciscana 15 (1935) 247ff
Idamarie Solltmann, Elisabeth von Thüringen. Glorai Teutoniae, Würzburg 1940
Jeanne Ancelet-Hustache, Sainte Elisabeth de Hongrie, Paris 1946

Mary Lavater-Sloman, Triumph der Demut, 1947
Stephan Wildemann, Die heilige Elisabeth, Deutungen und Erwägungen zum Wesen der Heiligkeit, Karlsruhe 1949
*Wilfried Mühlensiepen,*Die Auffassung von der Gestalt der heiligen Elisabeth in der Darstellung seit 1795. Dissertation, Marburg 1949
Nesta de Robeck, Elisabeth von Ungarn. Die Geschichte des 24-jährigen Lebens der Heiligen, Bonn 1954
Wilhelm Maurer, Zum Verständnis der heiligen Elisabeth von Thüringen, in: Zeitschrift für Kirchengeschichte 65 (1954) 16–64
Reinhold Schneider, Elisabeth von Thüringen, in: Die großen Deutschen, Hrsg. von Heimpel-Heuss-Reifenberg, Bd 1, Berlin 1956, 130–153
Änne Bäumer, Elisabeth von Thüringen, München 1953
Ernst Schnydrig, Elisabeth von Thüringen, Freiburg 1957
Daniela Krein, Flamme der Liebe, Elisabeth von Thüringen, Freiburg 1959
Ida Friedrike Görres, Bildnis der Gnade, in: Der göttliche Bettler, Frankfurt a.M., 1959, 161–187
*Lee Maril,*Elisabeth von Thüringen. Die Zeugnisse ihrer Zeitgenossen. Einsiedeln, Zürich, Köln 1960
Reinhold Schneider, Elisabeth von Thüringen, Marburg 1961
Walter Nigg, Elisabeth von Thüringen, Düsseldorf 1963
Elfriede Kiel, Die große Liebende St. Elisabeth, Leipzig 1966
Walter Nigg, Elisabeth von Thüringen. Heilige der ungeteilten Christenheit, Einsiedeln 1967
Kurt Meschede, Das Franziskus-Hospital der hl. Elisabeth als Keimzelle des Marburger Deutschhauses, in: Acht Jahrhunderte Deutscher Orden in Einzeldarstellungen. Hrsg. von Klemens Wieser, Bad Godesberg 1967, 80–120
Karl Demandt, Verfremdung und Wiederkehr der Heiligen Elisabeth, in: Hess. Jahrbuch für Landesgeschichte 22 (1972) 112–161
Walter Nigg, Helmuth Nils Loose, Elisabeth von Thüringen, Freiburg 1979
Gisbert Kranz, Elisabeth von Thüringen wie sie wirklich war, Augsburg 1979

Günther Hoppe, Elisabeth Landgräfin zu Thüringen, Eisenach 1981
Katalog: Sankt Elisabeth. Fürstin, Dienerin, Heilige. Aufsätze, Dokumentation, Katalog. Hrsg. von der Philipps-Universität Marburg in Verbindung mit dem Hessischen Landesamt für geschichtliche Landeskunde, Sigmaringen 1981
Friedrich Dickmann, Das Schicksal der Reliquien St. Elisabeths und des Pilgerfriedhofes an der Michaelskapelle zusammengestellt aus Beständen des ehemaligen ev. Gemeindearchivs in der Elisabethkirche zu Marburg. Ein Beitrag zum Elisabethjahr 1981, Marburg 1981
Friedhelm Jürgensmeier (Hrsg.) So also, Herr ... Elisabeth von Thüringen 1207–1231, Frankfurt 1982
Ortrud Reber, Die heilige Elisabeth. Leben und Legende, St. Ottilien 1982.

3. *Stammtafel*

STAMMTAFEL DER HL. ELISABETH VON THÜRINGEN

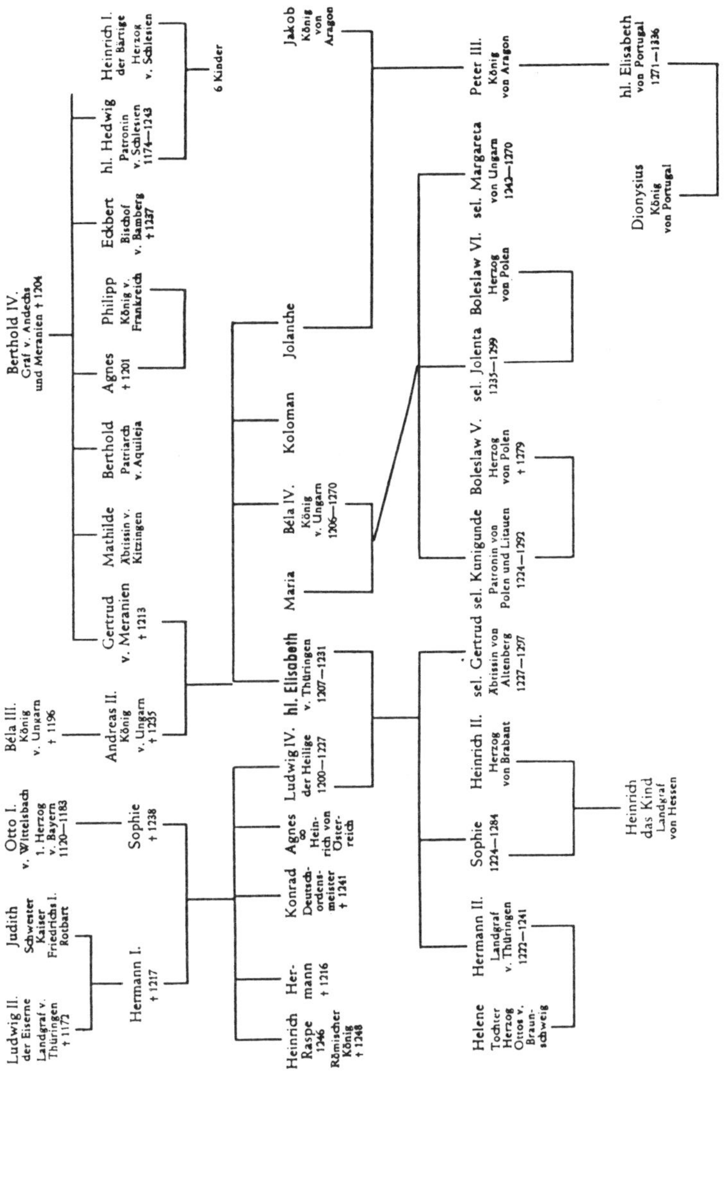

4. *Schauplätze*

MITTELEUROPA ZUR ZEIT DER HL. ELISABETH

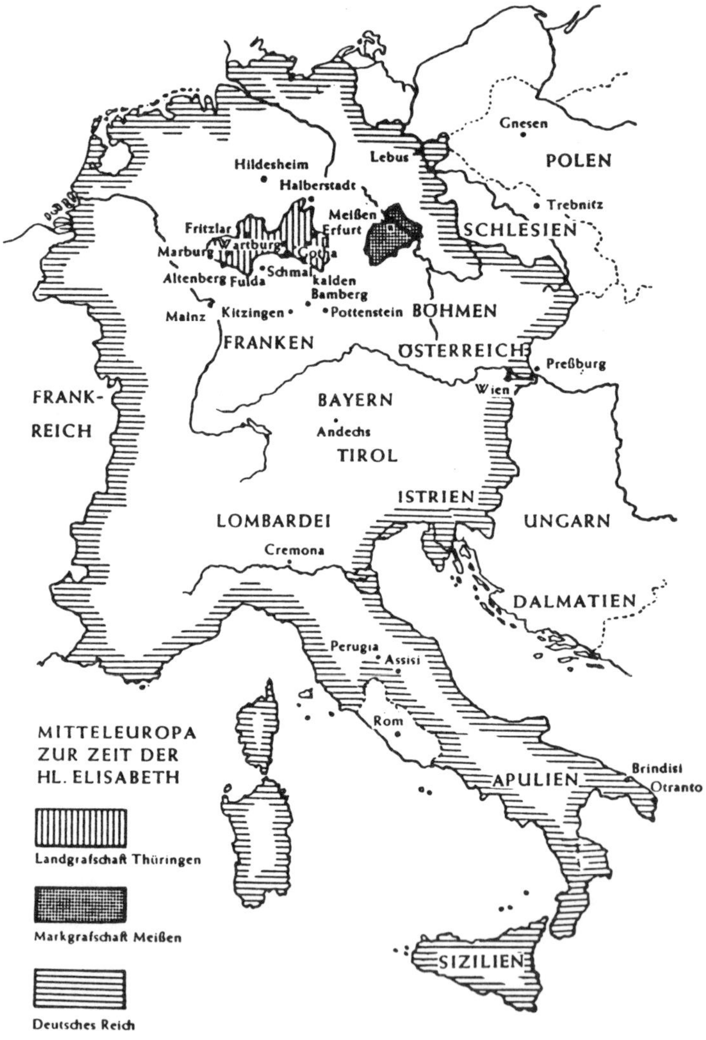

Eisenach im 13. und 15. Jahrhundert.

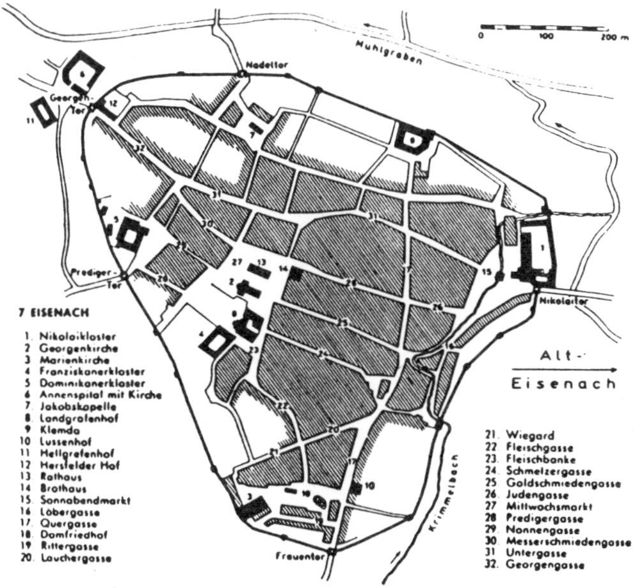

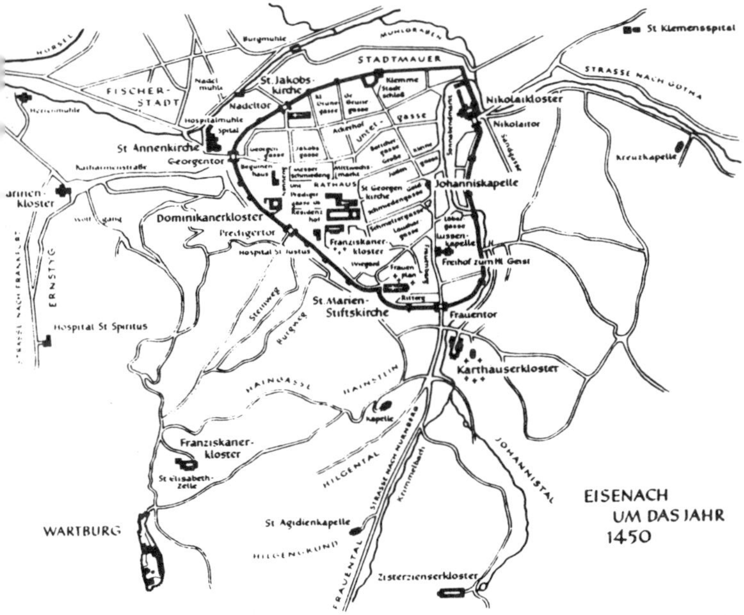

Lage der Elisabethkirche in Marburg und Rekonstruktionsversuch ihrer beiden Vorgängerinnen durch A. Huyskens.

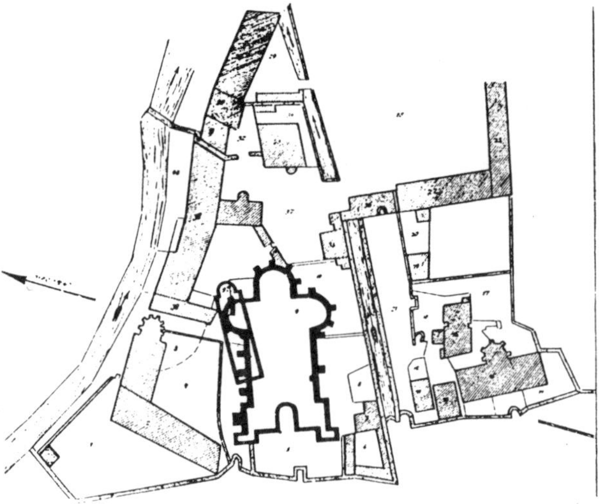

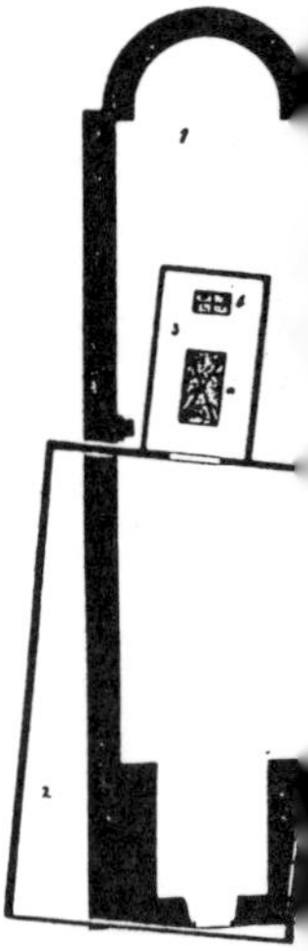

Abb. 3: Rekonstrukt.-Ve

1. Wallfahrtskirche von 12
2. der älteste Hospitalbau;
3. die Franziskuskapelle: a
der hl. Elisabeth, b. Alt